Gerd Hankel

Das Dilemma

Gerd Hankel

Das Dilemma

»Entwicklungshilfe« in Afrika

Ein Erfahrungsbericht

© 2020 zu Klampen Verlag · Röse 21 · 31832 Springe · zuklampen.de

Umschlaggestaltung: Hildendesign unter Verwendung
einer Fotografie von Gerd Hankel · München · hildendesign.de
Satz: Germano Wallmann · Gronau · geisterwort.de
Druck: BOD – Books on Demand GmbH · Norderstedt · bod.de

ISBN 978-3-86674-607-7

Bibliografische Information der Deutschen Nationalbibliothek
Die Deutsche Nationalbibliothek verzeichnet diese Publikation
in der Deutschen Nationalbibliografie; detaillierte bibliografische
Daten sind im Internet über ‹ http://dnb.dnb.de › abrufbar.

Inhalt

Eine Eingrenzung	7
Zwischen Aids, Völkermord und naiven Hilfevorstellungen	9
Wie man in eine Falle gerät und mühsam wieder herauskommt	31
Ruanda: ein Leuchtturm der Entwicklung in Afrika?	56
»Le Congo n'est pas maudit« – wenn Hoffnung auf Wirklichkeit stößt	85
Hilfe, Zusammenarbeit und Entwicklung. Aspekte einer vermeidbaren Illusion	110
Wie weiter? Eine Antwort, die gegeben werden muss	131
Literatur	145
Der Autor	148

Eine Eingrenzung

Afrika ist groß, fast dreimal so groß wie Europa. Mit 1,3 Milliarden leben dort auch fast doppelt so viele Menschen, Menschen unterschiedlicher Hautfarben, Physiognomien und Kulturen. *Den* Afrikaner gibt es genauso wenig wie *den* Europäer. Das wissen wir und wissen es doch nicht.

Finnen, Portugiesen, Polen oder Belgier bezeichnen wir als solche, und vor unserem geistigen Auge tauchen Bilder von Finnen, Portugiesen, Polen oder Belgiern auf, wie wir sie uns idealtypisch vorstellen. An Europäer als Gattungsbegriff denken wir dabei nicht. Das käme uns zu pauschalisierend vor.

Sprechen wir über Afrikaner, tun wir jedoch genau das. Wir vereinheitlichen den Kontinent, schlagen Völker und Staaten über einen Leisten, so wir sie denn überhaupt kennen. Gedankenlosigkeit und Gleichgültigkeit stehen dahinter, weniger Arroganz. Schließlich sprechen wir auch von Amerikanern, wenn wir die nordamerikanischen US-Amerikaner meinen. Kanadier, Mittel- und Südamerikaner existieren dann einfach nicht.

Wenn ich auf den folgenden Seiten über Afrika spreche, geht es nur um einen kleinen Teil des Kontinents, meist sogar um den sehr kleinen, den die Demokratische Republik Kongo und das im Vergleich dazu winzige Land Ruanda einnehmen. Mit 26.338 Quadratkilometern nur wenig größer als das deutsche Bundesland Mecklenburg-Vorpommern, ist es 1994 zum Inbegriff völkermörderischer Gewalt geworden, die nicht nur nicht hätte passieren dürfen, sondern die auch vermeidbar gewesen wäre. In dieses Land bin ich mehrere dutzend Male gereist, von dort aus auch in die Nachbarstaaten Burundi, Kenia, Uganda, Tansania. Und immer wieder in die Demokratische Republik Kongo, 2.344.856 Quadratkilometer groß, das zweitgrößte Land Afrikas, fast neunzig Mal größer als Ruanda. Gerade von dort aus kommend, wo sich nach dem Völkermord in rasantem Tempo ein staatlicher Neuaufbau vollzog, war der zunehmende Staatszerfall im Kongo unübersehbar. Ein Volk wurde zur Geisel einer korrupten Clique, was, ersetzt man finanzielle Korruption durch politische, auch von Ruanda gesagt werden kann, dort aber völlig andere Auswirkungen hatte.

Das also ist mein Afrika. Das kleine Ruanda und die so viel größere Demokratische Republik Kongo. Beide gewissermaßen ein Modellfall für die internationale Entwicklungspolitik. Liebling der Gebergemeinschaft versus Paria derselben, weil Erwartungen vorbildlich erfüllt oder eben unter Anhäufung typischer Fehler nicht erfüllt werden. Trotzdem gibt es eine Reihe von Gemeinsamkeiten zwischen beiden Staaten, die, entgegen vordergründiger Erwartung, die Frage nach Sinn und Unsinn von Entwicklungspolitik aufwerfen. Und das schließt auch Chinas Rolle in beiden Ländern mit ein.

Abschließend noch ein Hinweis: Zahlungen »außer der Reihe«, von denen im Buch die Rede ist, wurden zwar zunächst aus dem Vermögen des deutschen Vereins bestritten, diesem später jedoch dank der Großzügigkeit Dritter ersetzt.

Zwischen Aids, Völkermord und naiven Hilfevorstellungen

Mindestens 500.000 Tutsi sind von April bis Juli 1994 in Ruanda umgebracht worden. Die Täter waren Hutu, Angehörige der Mehrheitsbevölkerung, die, nach mehr als drei Jahren Bürgerkrieg, die Existenz von Tutsi auslöschen wollten. Vor allem die fanatisierten *Interahamwe*, die dem Namen ihrer Miliz gemäß »gemeinsam arbeiteten«, hatten sich diesem fürchterlichen Ziel verschrieben. »Unkraut« musste »gerupft und entsorgt, Äste, die den Baumwuchs behinderten, abgeschlagen werden«. An Metaphern, die dem von Alkohol- und Drogenkonsum zusätzlich beflügelten mörderischen Tun einen Sinn geben sollten, herrschte kein Mangel. Auch nicht an Werkzeug, das das brutale Treiben möglich machte. Wenige Monate vor Beginn des Völkermords waren noch Hunderttausende Macheten aus China importiert worden, und wenn auch außer Pistolen und Gewehren noch nägelgespickte Keulen oder Feldhacken als Tötungsinstrumente genutzt wurden – die Machete mit ihrer langen Schneide wurde das Symbol des Massenmords schlechthin.

Eine offizielle Zählung hat später ergeben, dass 308.000 Tutsi den Völkermord überlebt haben. Ein sehr großer Teil von ihnen – Schätzungen belaufen sich auf achtzig Prozent – hat überlebt, weil er von Hutu gerettet worden ist, Nachbarn oder Zufallsbekannten. Gewöhnliche Hutu haben Tutsi bei sich aufgenommen, haben sie anderswo versteckt oder ihnen sichere Fluchtwege ins benachbarte Ausland gezeigt. Doch gewöhnliche Hutu haben auch in großer Zahl am Völkermord teilgenommen, fanatisch wie die *Interahamwe*, als auf ihren Vorteil hoffende Mitläufer oder in Befolgung von Befehlen, die sie von Bürgermeistern oder anderen Autoritätspersonen erhalten hatten. Bisweilen haben sie sogar, Gipfel des Wahnsinns in einer Situation landesweiter Massengewalt, zugleich gerettet und getötet. Letzteres um Ersteres nicht zu gefährden, um bei Mittätern keinen Verdacht zu erregen und Zweifel am persönlichen Einsatz für ein Ruanda ohne Tutsi aufkommen zu lassen.

Am Ende des Völkermords waren 3,2 Millionen Menschen, fast die Hälfte der Einwohner Ruandas, vor der vorrückenden Befreiungsarmee in die Nachbarstaaten Burundi, Tansania und Zaire geflüchtet, oft nach Gemeinden (*communes*) geordnet und unter Mitnahme öffentlicher Gelder, administrativer Unterlagen und Waffen. Hinter sich gelassen hatten sie ein Land im Schockzustand, ein Land, in dem *bapfuye bahagazi*, wandelnde Tote, umherirrten und Ansammlungen von Geiern und Hunden auf die unzähligen Leichenfelder früherer Massaker hinwiesen. Der Staat Ruanda und mit ihm ein Großteil seiner Bewohner war verschwunden. Ihn wieder herzustellen und bescheiden funktionsfähig zu halten, würde einen Einsatz von Menschen, Kapital und Material erfordern, der 1994 in Ruanda nicht im Entferntesten zur Verfügung stand.

Das Ausland war gefordert, und es reagierte. In großer Zahl kamen Entwicklungshelfer und technische Experten ins Land, von ihren Regierungen geschickt und bezahlt. Für die einheimische Restbevölkerung war das ein befremdliches Bild. Nur wenige Monate vorher hatten die in der Regel weißen Helfer Hals über Kopf das Land verlassen, waren unter Mitnahme ihrer Haustiere und unter dem Schutz von Blauhelmsoldaten der Vereinten Nationen zum Flughafen oder an eine Grenze gebracht worden, während einheimische Kollegen und Bedienstete zurückgelassen und, sofern Tutsi, dem sicheren Tod preisgegeben wurden. Ihr verzweifeltes Flehen beim Anblick der Hutu-Killer, die ostentativ ihre Macheten schärften, kollidierte hoffnungslos unterlegen mit der Überlebenspanik derer, die aufgrund ihrer Hautfarbe auf der sicheren Seite standen. Die Blauhelme hatten nur ein Mandat für den Eigenschutz, die Bevölkerung zu retten, gehörte nicht zu ihren Aufgaben. Bis auf ein jämmerliches Restkontingent von 250 Soldaten (von vormals gut 2500) sollten sie bald darauf auch das Weite suchen.

Jetzt waren die Helfer wieder zurück, in stetig steigender Zahl. Ihre Expertise wurde für den Staatsaufbau gebraucht, an Geld herrschte kein Mangel. Großzügige Geldspenden einflussreicher Staaten sollten vergessen machen, dass diese nichts unternommen hatten, um den Völkermord zu verhindern oder zumindest zu beenden. Kredite in jährlich dreistelliger Millionenhöhe flossen in das Land, mehrfach gefolgt von Schuldenerlassen, nicht nur weil eine Rückzahlung illusorisch war, sondern ebenso sehr in Anerkennung der ruandischen Bemühungen, die Geldbeträge effizient zu verwenden. Korruptionsbekämpfung war ein vorrangiges Ziel. Das neue Ruanda sollte nicht nur hier anders sein als das Vorgängerregime. Beflügelt von einer großen Idee wachten Offizielle des Staates mit Eifer darüber, dass die Millionenbeträge für den Gesundheitsbereich, die Landwirtschaft, die Dezentralisierung, die Armutsbekämpfung und für den Neuaufbau von Verwaltung und Justiz dort ankamen, wo sie ankommen sollten und ihre Wirkung entfalten konnten.

An dieser Unternehmung mitzuwirken, war für die Helfer eine durchaus sinnstiftende Tätigkeit. So wie Staaten ihr früheres Versagen in Ruanda mit Großzügigkeit zu kaschieren versuchten und sich als eigentlich zutiefst menschenrechtsbewegt präsentieren wollten, so verstanden sich auch die vielen Helfer als Gegenbild zu ihren Vorgängern, die es offensichtlich nicht vermocht hatten, das Land vor dem Sturz in den Abgrund zu bewahren. Dank der neuen Helfer sollte endlich der Beweis dafür erbracht werden, dass es möglich wäre, Lehren aus der Vergangenheit zu ziehen und – indem auf den Modellcharakter ihrer Aktivitäten für andere Konfliktorte verwiesen wurde – die Welt vielleicht ein bisschen besser zu machen.

Im Vordergrund stand hier vor allem der Bereich der künftigen Entwicklung, der sich jenseits des Materiellen mit den ideellen Aspekten der Zukunftsgestaltung befasste. Aufarbeitung der Vergangenheit, Herstellung eines innergesellschaftlichen Friedens, Schaffung der nationalen Einheit als Garant für eine erfolgreiche Völkermordprävention waren die Schlüsselbegriffe, die die verschiedenen Etappen markieren sollten. Ihr verbindendes Element war die Justiz, genauer gesagt die Strafjustiz. Alle Parteien der Übergangsregierung und des Übergangsparlaments, die beide bereits Mitte Juli 1994 gebildet worden waren, stimmten darin überein, dass die für den Völkermord Verantwortlichen vor Gericht gestellt werden müssten – »to end impunity«, wie die Zielvorgabe in Anspielung auf die Straflosigkeit ethnisch motivierter Straftaten in der ruandischen Vergangenheit lautete.

Dass es seit November 1994 einen Internationalen Strafgerichtshof für Ruanda gab, war in diesem Zusammenhang weniger von Bedeutung. Seine Existenz wurde in Ruanda belächelt, er galt als ein unpassendes, hastig zusammengeschnittenes Trostpflaster der internationalen Staatengemeinschaft. Wichtiger war die ruandische Strafgerichtsbarkeit selbst, die mit eigenen Richtern und in kultureller Vertrautheit mit dem Land ab 1996 begann, Verfahren gegen verdächtige Völkermörder durchzuführen. Etwa tausend Angeklagte wurden jährlich abgeurteilt, viel zu wenig, wie sich schnell herausstellte. Weil die Zahl der Häftlinge in den Gefängnissen Ende der 1990er Jahre rapide gestiegen war und dort Verhältnisse herrschten, die als unmenschlich zu bezeichnen eine äußerst unzureichende Beschreibung gewesen wäre, musste eine Lösung zur Beschleunigung der Gerichtsverfahren gefunden werden. Man fand sie in Gacaca (sprich: »Gatschatscha«), einer traditionellen Justiz, die in vorkolonialer Zeit in Ruanda verbreitet war, danach aber an Bedeutung verloren hatte. Ihre Besonderheit war, dass es nicht in erster Linie um die Bestrafung des Täters ging. Das vorrangige Ziel von Gacaca war die Wiederherstellung des gesellschaftlichen Friedens in der (dörflichen) Gemeinschaft (*ubuntu*). Ein Rechtsverstoß, der das Zusammenleben in der Dorfgemeinschaft bedrohte, war begangen worden. Dieser Rechtsverstoß musste geheilt werden. In einem Hin und Her aus Rede und Gegenrede versuchte der *Inyagamugayo*, ein zum Richter ernannter ehrbarer und von allen geschätzter Mann, die Streitparteien zu einer Lösung zu bewegen. War das nicht möglich, fällte er ein Urteil, das aber ebenfalls dem Gedanken der Aussöhnung verpflichtet war. Gemeinsame Rituale besiegelten den wiedergefundenen Frieden. Bisweilen konnte sogar eine Ehe zwischen zwei infolge einer Bluttat verfeindeten Familien angeordnet werden. Neues Leben als Ersatz für zuvor zerstörtes.

Die Übertragung von Gacaca auf Völkermordverbrechen würde eine große Herausforderung sein. Das war allen Beteiligten klar. Mord und Massenmord sollten jetzt regelmäßig zur Verhandlung stehen, nicht wie früher nur in seltenen Ausnahmefällen. Wie darüber hinaus noch der innere Frieden in Ruanda wiederhergestellt oder auch nur die ernsthafte Voraussetzung dafür geschaffen werden sollte, war eine weitere große Unbekannte. In dieser Herausforderung lag wohl auch das große Interesse des Auslands begründet. Ein Verbrechen, das in der Hierarchie der Verbrechen ganz oben stand und darum im internationalen Maßstab als »crime of all crimes«, als Verbrechen aller Verbrechen galt, und der Gedanke einer landesweiten Versöhnung waren augenscheinlich von einer großen Attraktivität. Meist weiße Journalisten und Wissenschaftler gaben sich auf den Behörden, die für die Erlaubnis zum Besuch der Gacaca-Verhandlungen zuständig waren, die Klinke in die Hand. Auf Afrikaner, ohnehin weit mehr als Europäer oder Amerikaner in einer Kultur des Redens als Modell der Konfliktlösung Zuhause, machte Gacaca längst nicht so einen spektakulären Eindruck. Weiße hingegen schienen beinahe angerührt von dem Gedanken, das Gute gegen das Böse gewinnen zu sehen, und dann auch noch dort, wo nach jahrhundertealter westlicher Überzeugung das Unzivilisierte, Wilde und Unberechenbare zum Naturell des Menschen gehörte.

Natürlich hätten die Weißen diesen Verdacht mit Empörung von sich gewiesen. Ich bin auch sicher, dass die allermeisten von ihnen tatsächlich überzeugt waren, eins mit ihrem Anliegen zu sein, gewissermaßen Verkörperungen eines Friedensverständnisses, das um die Bedeutung von Menschenrechten weiß und sie lebt. Dennoch gab es Szenen, die man in der tiefsten Kolonialzeit verortet hätte. Ein Journalist einer deutschen Tageszeitung, die sich als alternativ versteht und aus unerfindlichen Gründen als links gilt, will seinen Rückflug umbuchen. Die Angestellte im Büro der Fluggesellschaft, eine Ruanderin von Mitte fünfzig und um einiges älter als der Journalist, versteht nicht gleich, was von ihr erwartet wird. Das Französisch des Journalisten ist nicht gut und die Frage nicht wie eine Bitte formuliert. Sie klingt eher wie ein Befehl, dessen Ausführung erwartet wird. Und so ist es auch. Die eingeschüchterte Angestellte beugt sich der Lautstärke und dem Druck. Hinweise auf einen vielleicht ausgebuchten Rückflug werden vom Tisch gewischt. Ein Sitzplatz muss her, ohne Wenn und Aber. Weiß befiehlt, Schwarz gehorcht.

Das Selbstbewusstsein verschwindet in einer Situation, die zu einer konfrontativen hochgeschimpft wird. Vielleicht war die afrikanische Angestellte auch nur überrascht und peinlich berührt von dem abrupten Stimmungsumschwung beim deutschen Weißen und versuchte darum, den unangenehmen Kunden schnell wieder loszuwerden. So jedenfalls verhielt es sich bei einem ruandischen Staatsekretär, der sich plötzlich einer herrisch auftretenden deutschen (ja ja, schon wieder) Journalistin gegenüber sah. Vor seiner Bürotür warten wie die Ruander wollte sie nicht. Als die Sekretärin herauskam, schlüpfte sie hinein, den Protest beiseite schiebend wie ein Fernsehkommissar, der sich im Bewusstsein, die Staatsmacht zu verkörpern, wichtigtuerisch Einlass erzwingt. Nach zehn Minuten war sie wieder zurück im Warteraum, breit lächelnd, die Bescheinigungen über die Erlaubnis zum Besuch von Gacaca-Verfahren und über die Befreiung vom Fotografierverbot in der Hand. Offensichtlich war auch der Staatssekretär daran interessiert, kein Hindernis für die Gacaca-Berichterstattung in westlichen Medien zu sein. Für den Aufbau des »neuen Ruanda« fiel eine kleine Demütigung nicht weiter ins Gewicht.

Doch ein gewöhnlicher »weißer« Beobachter musste sich unwohl in seiner Haut fühlen. Die Eilfertigkeit und Beflissenheit der Ruander zu sehen, mit der sie das Land im besten Licht erscheinen lassen wollten, hatte nicht nur etwas Anrührendes. Oft war es nachgerade peinlich. Denn es stieß auf ein Pseudointeresse, in dem unbestimmte Freundlichkeit nur notdürftig Egoismus und Indifferenz überdeckte. Inbegriff dieser Arroganz waren Trommelkurse, in denen sich weiße Entwicklungshelferinnen oder Besucherinnen ihre Sorgen und Nöte aus dem Leben trommeln wollten. Gerne gesehen waren dabei einheimische Trommler, die, augenscheinlich immer gut gelaunt, die Weißen bei ihrem Ausflug in den Rhythmus der afrikanischen Folklore anleiteten. Und weil die Schwarzen ihre Arbeit so perfekt erledigten, was lag da näher, als auch Trommelkurse für Völkermordüberlebende anzubieten. Für weibliche natürlich, mit deren Verfassung glaubten sich die Organisatorinnen schließlich auszukennen. Und es gab diese Kurse tatsächlich. Mit welchem Ergebnis, ist mir unbekannt. Mir blieb ebenfalls ein großes Geheimnis, wie auf einer Welle zugemuteter gleichgeschlechtlicher

Solidarität Frauen die Ermordung ihrer Ehemänner und Kinder in irgendeiner Weise verarbeiten sollten. Selbst wenn ich eine übergroße Hilfsbereitschaft unterstelle, ist das Ausmaß an Ignoranz erschreckend. Wie ist es überhaupt möglich, aus dem in jeder Hinsicht abgesicherten Lebensmodus Nordeuropas mit Kranken- und Rentenversicherung oder Pensionsanspruch heraus das Wissen zu beanspruchen, wie mit zutiefst traumatisierten Menschen einer völlig anderen Kultur umzugehen ist? Und diese Menschen dann noch diesem vermeintlichen Wissen auszusetzen und sich dabei gut zu fühlen?

»Ein Bier ist ein Primus, ein Auto ist ein Mercedes und eine Frau ist eine Tutsi« lautete ein bekannter Spruch in Ruanda vor dem Völkermord. Objekte alle drei. Kein Wunder, dass sich zu Wut und Hass auch noch die abscheulichsten Fantasien auf Tutsi-Frauen und -Mädchen richteten. Hunderttausende wurden während des Völkermords vergewaltigt, gefoltert und getötet. Wer überlebt hatte, hatte eben nur das: überlebt, oft HIV-positiv, immer in einem Zustand, der Hilfe dringend nötig machte. Diese Hilfe gab es, doch mangels einheimischer Expertise (psychotherapeutisch ausgebildete Hutu-Frauen, so sie in Ruanda waren, kamen verständlicherweise nicht in Betracht) musste sie vom Ausland geleistet werden. Helferinnen schwärmten aus, mit besten Absichten, doch ohne sprachlichen und kulturellen Zugang zu den Frauen. Erneut beglaubigte die Zugehörigkeit zum gleichen Geschlecht augenscheinlich Einfühlungsvermögen und Fachkenntnis. Das Verteilen von Lebensmitteln, Hühnern oder Ziegen erleichterte die ersten Schritte, die nicht selten auch die letzten waren. Wie sollten einem Wesen aus einer anderen Welt auch die erlittenen psychischen Zerstörungen erklärt werden? »Fragen, immer nur Fragen. Ich weiß nicht, wie oft ich schon geantwortet habe. Mir reicht's. Ich sage gar nichts mehr.« Daran änderte auch die in Aussicht gestellte weitere materielle Hilfe nichts.

Ja, wie ist es möglich, in dieser Selbstüberschätzung zu agieren und daraus noch berufliche Zufriedenheit zu beziehen? Eine erste Antwort ist im Zusammenleben von »Weiß« und »Schwarz« zu finden. Allein der Gedanke einer Gleichrangigkeit ist vollkommen abwegig. Dem weißen Europäer tritt der schwarze Afrikaner in der Position des Unterlegenen gegenüber. Der Entwicklungshelfer bezieht am Ort seines künftigen Wirkens ein Haus, der für die Sicherheit zuständige Wächter ist schwarz, Fahrer und Köchin ebenfalls. Der eine bewegt sich künftig in der dreifachen Zahl an Zimmern als noch zuhause, die anderen hausen in Nebenzimmern oder Verschlägen, die als überdimensionierte Hundehütte zu bezeichnen nicht übertrieben ist. So begegnen sie sich, und so bleibt es. Der Schwarze ein Diener, der Weiße ein Herr. Sicherlich, die lokalen Angestellten (wie sie politisch korrekt von den Beteiligten genannt werden) verdienen ihr Geld, haben eine Arbeit, um die sie viele ihrer Landsleute beneiden. Gleichwohl ist das, was sich abspielt, einer Fortsetzung kolonialer Verhältnisse nicht unähnlich.

Wer zahlt, bestimmt. Das klingt hässlich gerade in einem Umfeld, wo Hilfeleistung auf Augenhöhe gerne propagiert wird, jedoch läuft es immer wieder darauf hinaus. Über Projekte zu entscheiden, Arbeitsplätze zu schaffen oder nur aufgrund der Hautfarbe zu dem Kreis der Entscheider und Arbeitsbeschaffer zu gehören, vermittelt ein Machtgefühl, dem man sich nur schwer verschließen kann. Es entsteht langsam und setzt sich fest.

Damit wäre ich bei der zweiten Antwort. Sie bezieht sich auf das, was aus dem Machtgefühl entsteht. Es beginnt mit der emotionalen Abgrenzung. Weiße leben unter sich, nur ihr Besitz wird von Schwarzen bewacht. Wer tagsüber Hilfe leistet und sich dabei auf die Adressaten einstellen muss, braucht am Abend und Wochenende Ruhe. Also zieht man sich zurück in sein komfortables Haus, geht in hygienisch unbedenklichen Restaurants essen oder macht Ausflüge, beides begleitet von Ausgaben, die dem Mehrmonats- oder sogar Jahreseinkommen lokaler Mitarbeiter entsprechen. Man lebt in seiner Welt, die weit angenehmer ist als die, die man bisher kannte. Das Wetter ist schön, es ist warm, der Verkehr nicht so dicht, die Menschen freundlich und zuvorkommend, man hat schließlich etwas zu verteilen. Überlegenheit nicht nur im Berufsalltag, sondern auch in der Freizeit.

Trotzdem spürt der weiße Entwicklungshelfer oft eine Verlegenheit. Am Anfang seiner Anwesenheit im Zielland der Entwicklungshilfe stärker, bald schwächer, bis sie irgendwann ganz verschwindet. Irgendwie, so erkennt er, ist es moralisch zweifelhaft, sich aus Lebensverhältnissen in Deutschland mit ihren bekannten Zwängen und Unsicherheiten an einem Ort in Schwarzafrika wiederzufinden, wo all das nicht gilt. Hautfarbe und Stellung machen den Unterschied, materielle Sorgen gehören der Vergangenheit an. Gemildert werden die Zweifel anfangs dadurch, dass unser Entwicklungshelfer den Menschen etwas mitzuteilen hat, was ihnen perspektivisch hilft. Er leistet etwas Gutes, so denkt er, gefördert von seinem Herkunftsland und hochwillkommen in seinem Gastland. Diese Gedanken verdichten sich zu einer Überzeugung, die im Laufe der Zeit perfekte Rechtfertigungsmuster entwickelt. Fragen nach

Sinn und Angemessenheit der eigenen Tätigkeit werden mit Zukunftsbildern beantwortet. Irgendwann wird die Lage im Gastland besser werden und man hat seinen Teil dazu beigetragen. Ohne die eigene Anwesenheit, »ohne mich« wäre das nicht geschehen. Das Selbstwertgefühl ist wieder intakt und akzeptiert die eigene Überlegenheit. Wird einem nicht täglich vor Augen geführt, wie sinnvoll die praktizierte Tätigkeit ist? Freuen sich die Einheimischen nicht, wenn man auch mal am Abend oder am Wochenende bei Ihnen zu Gast ist? Man ist wer und bekommt es fortwährend bestätigt.

Wie sieht sich die andere Seite, die einheimische, in diesem Verhältnis? Wer es geschafft hat, für einen Weißen zu arbeiten, fühlt sich wie ein Deutscher, dem es in unsicheren Zeiten gelungen ist, in die höhere Beamtenlaufbahn zu gelangen. Das Gehalt ist ordentlich, es wird regelmäßig gezahlt, und zwar in Euro oder Dollar, so dass das Wechselkursrisiko ausgeschlossen ist. Alles ist in bester Ordnung, beruhigt kann der afrikanische Mitarbeiter in die Zukunft schauen.

Dass dies möglich ist, verdankt er den Weißen. Das weiß er auch. Vielen seiner Landsleute geht es bedeutend schlechter als ihm, bis hin zum allgegenwärtigen Phänomen von Hungerbäuchen auf den Straßen. Dann ist da noch seine große Familie, nicht nur Ehepartner und Kinder, auch für Onkel und Tanten, Cousins und Cousinen, Nichten und Neffen, kurz für alle, die sich auf ein verwandtschaftliches Verhältnis berufen können, ist er verantwortlich, wenn sie finanzielle Hilfe brauchen. Das schafft Verpflichtungen, deren Erfüllung nicht leichtfertig gefährdet werden darf.

Der afrikanische Arbeitnehmer ist sich seiner Abhängigkeit bewusst. Die Distanz zwischen ihm und seinem weißen Chef ist groß und immer existent, selbst wenn es Einladungen in die afrikanische Familie gegeben hat. Diese sind nämlich eine besondere Form der Markierung von Distanz. Seiner Familie und den Nachbarn zeigt der Einladende auf diese Weise, dass er Zugang zur Welt der Weißen gewonnen hat. In seiner Freizeit beehrt der Weiße ihn mit einem Besuch. Der afrikanische Arbeitnehmer gewährt ihm Zutritt zu seiner Privatsphäre, hofft auf Zustimmung, gar Anerkennung des materiell Erreichten. Die weiße Welt mit ihren Attributen des Fortschritts ist sein Vorbild, der Gast ist Teil dieses Bildes, als Individuum austauschbar und in der Tat oft ausgetauscht, denn der weiße Experte bleibt bekanntlich nur eine begrenzte Zeit, dann kommt, wenn das Projekt fortgesetzt wird, die Nachfolge. Das, was sich als Prozess der sozialen und kulturellen Annäherung darstellt, in Wirklichkeit aber nichts weiter als ein nach Bestätigung heischendes Schaulaufen ist, beginnt von Neuem.

Es wäre jedoch falsch, in den Repräsentanten der weißen und schwarzen Welt ausschließlich solche zu sehen, die ihren Vorurteilen folgen. Ich habe viele getroffen, die ernsthaft bemüht waren, die Kultur des jeweils anderen zu verstehen und in ihm nichts weiter als den Träger einer anderen Hautfarbe zu sehen. Ich habe aber auch viele getroffen, die eine schon zynische Distanz entwickelt hatten. Mit Verachtung schauten sie auf ihre angeblich unfähigen, begriffsstutzigen afrikanischen Mitarbeiter herab, diese wiederum ließen keine Gelegenheit ungenutzt, den angeblich ahnungslosen, eingebildeten Weißen um das zu erleichtern, was ihn aus ihrer Sicht ausmacht, um sein Geld. In beiden Verhaltensweisen trat mit großer Deutlichkeit zutage, dass es in der Entwicklungszusammenarbeit, wie sie in bemüht euphemistischer Konnotierung genannt wird, hauptsächlich ums Geld geht. So wie unverhältnismäßig hohe Gehälter und Privilegien das Denken und Wollen des weißen Zynikers in Afrika dominieren, kann auch der letztlich nicht minder zynische Schwarze der Versuchung zur Bereicherung nicht widerstehen.

Das Geld ist nolens volens Dreh- und Angelpunkt in dieser weiß-schwarzen Entwicklungszusammenarbeit im subsaharischen Afrika. Daran kommen auch Entwicklungshelfer mit hehrsten Absichten nicht vorbei. Wer schon einmal den Gesichtsausdruck und die Körpersprache eines älteren Afrikaners gesehen hat, der ein Verhandlungsgespräch mit Weißen führt, die seine Kinder hätten sein können, weiß, was ich meine. Verständlich, dass Szenen dieser Art den ruandischen Staatspräsidenten Paul Kagame umtreiben. De facto seit 2000, als er in seiner Eigenschaft als Verteidigungsminister den Staatspräsidenten stürzen und ins Gefängnis werfen ließ, seit 2003 als gewähltes Staatsoberhaupt an der Macht, fehlt in keiner seiner Reden der Hinweis auf die Stärke und Würde der Ruander. Stärke, die sie durch ihre neue Einheit beziehen sollen, und Würde als eine Eigenschaft, die sie sich selbst zuschreiben sollen aufgrund ihrer Leistungen bei der Überwindung des Völkermords und seiner Folgen. Von der weißen Welt, die sich gerne zu den fundamentalen Menschenrechten bekennt, 1994 schmählich in Stich gelassen, solle Ruanda künftig nicht mehr abhängig sein. Allerdings passte dazu nicht, dass der ruandische Haushalt auch Jahre nach dem Völkermord zu immer noch fast fünfzig Prozent vom Ausland finanziert wurde. Wie abhängig das Land von westlichen Gebern war, sollte sich 2012 zeigen, als erstmals offenkundig wurde, in welchem Ausmaß Ruanda Rebellenorganisationen im Ostkongo unterstützt. Geld, Waffen und Kämpfer (darunter solche, die es zuvor als seine schlimmsten Feinde bezeichnet hatte) schickte Ruanda zur Verstärkung der Miliz M23, die vor allem durch Mord, Vergewaltigung und Ausplünderung der Bevölkerung von sich reden machte. Nachdem westliche Staaten die Budgethilfe eingefroren hatten, stand die ruandische Wirtschaft in kurzer Zeit vor dem Kollaps. Kagame und seine Regierung sahen darin einen ruchlosen neokolonialen Akt, der einmal mehr unter Beweis stellte, wie wenig das Ausland von ruandischer Politik verstand. Dennoch auf ebendieses Ausland angewiesen zu sein, war nicht leicht zu ertragen, und das für beide Seiten. Mit ostentativem Selbstbewusstsein begegneten ruandische Beamte weißen Experten, gleichwohl war die Unsicherheit groß. Sorgsam vermied man alles, was für Misstöne sorgen könnte. Und dann kam es eben so wie beschrieben. Die Illusion von Begegnungen auf Augenhöhe, und das oft krampfhafte Bemühen, diese Illusion vergessen zu machen.

Nun ja, so ist das eben, wenn unterschiedliche Kulturen aufeinandertreffen, könnte man jetzt einwenden, zumal Kulturen mit einer solchen, durch den Kolonialismus belasteten Vorgeschichte. Doch das Bemühen um Verständnis gegenüber Ruanda und Ruandern hatte häufig zur Folge, dass die soziale und politische Realität beschönigt wahrgenommen wurde. Man könnte auch sagen, das Bedürfnis nach politischer Korrektheit machte immun gegen berechtigte Kritik, blind für die Nöte vieler Menschen und selbstzufrieden in dem Bewusstsein, auf der vermeintlich richtigen Seite zu stehen.

Als die Gacaca-Justiz im Juni 2012 nach zehn Jahren ihre Tätigkeit zur Aufarbeitung des Völkermordunrechts beendete, kommentierte Staatspräsident Kagame das Ereignis wie folgt: »Wir aber kennen den Wert und die Rolle von Gacaca. Was diese Gerichte erreicht haben, übersteigt alle Erwartungen. Sie sorgten für Gerechtigkeit und einten zugleich die Ruander. Diese Gerichte sind der Beweis unserer Fähigkeit, Lösungen für Herausforderungen zu finden, die unüberwindbar schienen.«

Legt man die Zahlen zugrunde, war Gacaca in der Tat ein Erfolg. Fast 15.000 Gacaca-Gerichte wurden eingerichtet, zirka 130.000 Gacaca-Richterinnen und -Richter (Hutu wie Tutsi) urteilten, nachdem sie insgesamt gut zwei Millionen Fälle erörtert hatten. Angeklagt wurden eine Million Personen (meist männlichen Geschlechts), von denen etwas mehr als 850.000 eine Strafe erhielten. Die Strafe reichte von der Verpflichtung zur Leistung von Schadenersatz bis zur lebenslangen Freiheitsstrafe. Je frühzeitiger ein Angeklagter mit dem Gericht kooperierte, desto geringer fiel seine Strafe aus. Schon bei der traditionellen Gacaca war es in erster Linie um die Wiederherstellung des sozialen Friedens in der lokalen Gemeinschaft gegangen. Wer geständig war und um Verzeihung für seine Tat bat, konnte auf eine milde Strafe oder auf Straffreiheit hoffen. Mehrfache Mörder konnten auf eine Haftstrafe von unter zehn Jahren hoffen, die zudem noch für die Dauer einiger Jahre zur Bewährung ausgesetzt und darüber hinaus in Teilen durch gemeinnützige Arbeit verbüßt werden konnte.

Vor dem Hintergrund der grauenvollen Verbrechen und des großen Leids, das vieltausendfach mit dem Völkermord assoziiert wurde, war die Existenz einer konstruktiven, zielorientierten Aufarbeitung der Verbrechen ein beinahe tröstlicher Gedanke. Mehr noch als die Zahlen war es die Art und Weise der Verfahren, die die Reaktion bestimmte. Stolz auf die Gacaca-Justiz als Beförderin von Einheit und Versöhnung auf der ruandischen Seite, Ergriffenheit angesichts der Dramatik der Täter-Opfer-Annäherung auf der ausländischen. Dass die ruandische Politik Gacaca als wichtigsten Schritt für eine friedliche Zukunft des Landes sah, versteht sich von selbst, doch dass die ausländische Kritik zumeist positiv war, nicht. Hier manifestierte sich, was in der Begegnung der beiden Kulturen seinen Ursprung hat, die vermeintliche gleiche Augenhöhe und die daraus resultierende Haltung der Weißen, mit großer Verständnisbereitschaft, ja Begeisterung auf eine angebliche Errungenschaft Ruandas wie die Gacaca-Justiz zu reagieren. Die Vorstellung von einem Volk, das einen Krieg führt, in dem die größere Bevölkerungsgruppe die kleinere zu vernichten sucht, und das sich anschließend einträchtig und zukunftsoptimistisch zusammensetzt, um über die Aufarbeitung der Vergangenheit das Fundament für ein friedliches Miteinander zu legen, hatte beinahe etwas Erlösendes. Nicht nur, dass sich nach Jahrzehnten eines mörderischen Konflikts die Erkenntnis durchsetzte, dass Gewalt überwunden werden muss. Die Erkenntnis wurde vielmehr tatkräftig unter Beteiligung aller zur Wirklichkeit gemacht, sie blieb mitnichten bloß wohlklingende Theorie. Endlich erwies sich einmal ganz konkret der Sinn von *Transitional Justice*.

Die Wahrheit war komplexer, aber Komplexität passte nicht zur verbreiteten Stimmung unter Journalisten und Wissenschaftlern. Hochglanzbilder von Tätern zeigten die angeblich erschreckende Normalität des Bösen, Physiognomien der Opfer, aus denen der Schrecken über das Erlebte noch herauszulesen war, forderten Antworten. Vernarbte Kopfwunden oder verstümmelte Gliedmaßen verliehen dieser Forderung Nachdruck. Darum mussten die Antworten eindeutig sein. Ideal war die Antwort der ruandischen Regierung, denn sie ließ keine Fragen offen. Das vergangene Verbrechen stieß mit Gacaca auf eine Form der Behandlung, die dem Schrecken Zuversicht entgegensetzte. Für diejenigen, die ohnehin geneigt waren, mit fest gefügter Ansicht auf das schwarze Umfeld zu schauen, war das von großer verführerischer Kraft. Sie mutete es rührend an zu sehen, wie sich in Versöhnungsszenen Täter und Opfer in den Armen lagen und mit Inbrunst eine friedliche Zukunft beschworen. Ja, der Schwarze ändert sich offensichtlich schnell. Erst bringt er seinen Nachbarn um und vergewaltigt dessen Ehefrau und Tochter, dann versöhnt er sich mit den Überlebenden und sie sich mit ihm. Es waren bewegende Bilder, die sich dem Betrachter boten. Müsste ein Modell zur effektiven Konfliktbewältigung, wie es Gacaca doch so überzeugend war, nicht überall auf der Welt existieren? Kein Gedanke wird daran verschwendet, wie es wohl gewesen wäre nach 1945, wenn Juden und NS-Täter und die vielen deutschen Mitläufer sich hätten versöhnen müssen, nach den Vorgaben des Siegers und der jüdischen Minderheit im Land, unter Aufsicht des Auslands, das ergriffen und selbstsicher von der Perspektive eines nachhaltigen innergesellschaftlichen Friedens eingenommen ist.

Die schwarze Hautfarbe scheint die Verarbeitung von Leid zu vereinfachen. Ein materiell zurückgebliebener Entwicklungsstand wird mit intellektueller und emotionaler Schlichtheit gleichgesetzt. Dafür sucht der fremde Betrachter Bestätigung. Er übersieht indes erneut, dass die Realität so einfach nicht ist.

Auch viele Hutu kamen während des Völkermords ums Leben. Sie wurden umgebracht, weil sie für den angestrebten ethnisch-reinen Hutu-Staat als unzuverlässig galten oder weil sie beim Vormarsch der Befreiungsarmee, auch ihrerseits auf Befreiung hoffend, nicht die Flucht ergriffen hatten. Der Anblick ermordeter Tutsi rief nach Vergeltung und dem Ruf wurde sehr oft nachgegeben. Genauere Angaben über die Zahl der Ermordeten gibt es auch hier nicht. Einhunderttausend gilt als eine sehr plausible Nummer.

Außerdem saßen Zehntausende Hutu über Jahre hinweg unter schlimmsten Bedingungen im Gefängnis, nur weil drei Zeugenaussagen übereinstimmten. Ermittlungsakten gab es nicht, Hutu zu sein, rechtfertigte den Grundverdacht. So auch bei Claire A. Zwei ihrer Kinder hatte die Hutu-Frau aus Gishamvu im Südwesten Ruandas getötet. Ihr Mann, ein Tutsi, war gleich zu Beginn des Völkermords umgebracht worden, ihre zwei älteren Kinder, die wie alle ihre Kinder der Ethnie des Vaters folgend als Tutsi galten, hatten in Kigali bei Hutu-Verwandten Zuflucht gefunden. Die zwei jüngeren Kinder, eineinhalb und zweieinhalb Jahre alt, waren bei ihr, als das Morden Mitte April 1994 auch in den Süden Ruandas kam. Killer der berüchtigten *Interahamwe*-Miliz drangen in ihr Haus ein, ergriffen die beiden Kleinkinder und stellten die Mutter vor die Wahl: entweder wir töten die Kinder vor deinen Augen, indem wir sie, an den Beinen beginnend, »stückweise in Scheiben schneiden«, oder du tötest sie selbst auf eine Weise, die du wählen darfst. Die Frau entschied sich für die zweite Variante. Sie nahm ein Seil, wickelte beide Kinder damit ein und warf sie in einen Bach, wo sie ertranken. Seit zehn Jahren sei sie nun im Gefängnis von Gishamvu, erfuhr ich, als ich sie zum ersten Mal traf. Eine Ermittlungsakte existierte nicht, ihre ganze Hoffnung galt Gacaca. 2006 sprach sie das Gacaca-Gericht in Gishamvu frei, die Zeugenaussagen waren eindeutig, die Beschuldigungen der angeblichen Tatzeugen nichts als Gerede und der Überzeugung geschuldet, alle Hutu hätten am Völkermord teilgenommen und seien daher Täter. Eine Entschädigung für die lange Haftzeit erhielt sie nicht.

Wie dieser Frau erging es vielen. Die Zugehörigkeit zur Bevölkerungsgruppe der Hutu reichte im Zweifelsfall als Schuldnachweis aus. Dass viele von ihnen auch Opfer waren, Familienmitglieder verloren hatten und seit Jahren unter erbärmlichsten Umständen auf die Feststellung ihrer Unschuld warteten, zählte nicht. Es zählte ebenso wenig wie der Nachweis, während des Völkermords Tutsi gerettet zu haben. Zwei Monate lang hatte ein Mann, er war Polizist von Beruf, elf Tutsi in seinem Haus versteckt. Die argwöhnischen *Interahamwe*-Killer, die beinahe täglich vor seinem Haus auftauchten, hatte er mit Geschenken ruhiggestellt. Mal war es ein Kühlschrank, mal ein Plattenspieler oder Fernseher, mal auch nur ein Geldbetrag, der ausgehändigt werden musste. Alle elf Tutsi, fünf Männer und sechs Frauen, überlebten den Völkermord. Der Polizist galt als Vorbild moralischen Handelns und wurde wieder in den Polizeidienst eingestellt. Das neue Ruanda brauche integre Menschen wie ihn, versicherte man ihm. Ein Jahr lang ging alles gut. Dann war er auf so viele Fälle systematischen verbrecherischen Handelns des neuen Regimes gestoßen, dass er nicht länger schweigen konnte. In einem Schreiben an seinem Vorgesetzten listete er einige der schlimmsten Fälle auf und bat um Unterstützung bei der Aufklärung. Eine Antwort erhielt er nicht.

Ihm werde eine neue Dienststelle zugewiesen, im Norden des Landes, an der Grenze zu Uganda, hieß es nur. Dort angekommen, erwies sich die neue Dienststelle jedoch nicht als Arbeitsplatz, sondern als Ort seiner Inhaftierung. Zehn Jahre lang wurde er an verschiedenen Haftorten festgehalten, gedemütigt und geschlagen. Eine Anklageschrift oder einen richterlichen Beschluss zu seiner Inhaftierung hat er nie gesehen. Er wurde festgenommen und verschwand einfach, ohne dass seine Familie informiert worden wäre. Zehn Jahre später spuckte das System ihn wieder aus, ein Versuch, ihn während der Haft wegen Völkermordverbrechen zu verurteilen, war zuvor gescheitert. Nachbarn hatten seine Unschuld bezeugt. Dennoch blieb er danach noch zwei Jahre inhaftiert.

Ein schneller, oberflächlicher Blick sah Fälle wie diesen nicht. Was nicht ins Bild passte, wurde ausgeblendet. In vielen Gesprächen habe ich versucht, auf Widersprüchlichkeiten hinzuweisen. Ohne Erfolg. Jedes Mal machten sich die Helfer bereitwillig zum Sprachrohr der Position, die vom ruandischen Regime entwickelt und von Entwicklungshilfeorganisationen übernommen worden waren. Es sei Sache der Ruanderinnen und Ruander selbst, wie sie ihre Vergangenheit aufarbeiteten und das künftige Zusammenleben organisierten. Sie hätten sich für Gacaca entschieden, und Gacaca funktioniere aufs Beste. Dass die Justiz einseitig agierte und Hutu nur als Täter und nicht als Opfer wahrnahm, fiel nicht ins Gewicht. Man überließ sich der Wucht des Genozidbegriffs und arrangierte sich mit den Verhältnissen. Kritik erschien als unangebracht. Nach den ersten Parlamentswahlen im September 2003, bei denen ausschließlich Kagame-freundliche Kandidatinnen und

Kandidaten zur Wahl standen und Wahlbetrug obendrein mit Händen zu greifen war, beglückwünschten Deutscher Entwicklungsdienst und seine Unterorganisation, der Zivile Friedensdienst, in einer landesweit erschienen Zeitungsanzeige »alle Ruanderinnen und Ruander dafür, dass sie ein Parlament mit einem Anteil von 49 Prozent weiblicher Abgeordneter gewählt haben, dem weltweit höchsten Prozentsatz und Ausdruck von Geschlechtergerechtigkeit.«

Wie man in eine Falle gerät und mühsam wieder herauskommt

Im Jahr 2004 herrschte in der Kivu-Region des Ostkongo Krieg. Kein Krieg mit größeren Truppenbewegungen, mit täglichem Waffeneinsatz, Feuergefechten oder Raketenbeschuss. Eher ein Krieg, in dem es sporadisch zu massiver Gewalt kam. Mal kämpfte eine Miliz gegen die kongolesische Armee, mal bekämpften sich Milizen gegenseitig, oft mit Waffen, die ihnen Soldaten der kongolesischen Armee verkauft hatten. Immer ging es um die Kontrolle von Bodenschätzen, um die Eroberung eines Gebiets, in dem Bodenschätze gefördert und über den Verkauf an Zwischenhändler zu Geld gemacht werden konnten. Leidtragende war die Bevölkerung. Zwar gaben die Milizen vor, sich allein zum Schutz der Bevölkerung oder von Teilen derselben gegründet zu haben, doch zeigte sich schnell, wie sehr diese Behauptung nichts als ein Vorwand war. Waffenbesitz vermittelte ein Machtgefühl, das sich ausleben wollte. War kein Feind zu bekämpfen, auch gegen die Zivilbevölkerung. In einem Staat, in dem die Staatsgewalt größtenteils abwesend war, setzte das all diejenigen, die das Pech hatten, zur falschen Zeit am falschen Ort zu sein, einer tödlichen Gefahr aus. Entführungen, Zwangsarbeit, Folter, Mord, Vergewaltigung und Versklavung waren Verbrechen, von denen jede Frau, jeder Mann, jedes Mädchen und jeder Junge zu berichten wussten.

Im September 2004 war ich zum ersten Mal in Bukavu, der Hauptstadt der Provinz Südkivu. Zwei Kongolesen, die ich in Kigali kennengelernt hatte, holten mich in der ruandischen Grenzstadt Cyangugu ab und lotsten mich durch die Grenzformalitäten auf kongolesischer Seite. Dreißig US-Dollar musste ich für das Visum bezahlen, Angaben zu meiner Person in ein Formular eintragen und einige Fragen zu meinem Reisezweck beantworten, die mir ein korpulenter Mann mittleren Alters, wahrscheinlich der Chef der Grenzstation, stellte. Er saß in einem Büro, an dessen Wänden nichts hing außer einem Bild des Interimspräsidenten Joseph Kabila. Auf dem Schreibtisch vor ihm lag ein dickes Buch, die Bibel. Er schob sie vorsichtig zur Seite, um den Visumsstempel auf das Einreiseblatt aufbringen zu können. Dann reichte er mir Reisepass und Blatt, hoheitsvoll, mit einer kleinen Bewegung des rechten Arms nur, die mich zwang, mich zu deren Empfang weit über den Schreibtisch zu beugen.

Meine beiden kongolesischen Begleiter brachten mich in ein Hotel in der Nähe des Kivusees. Morgen, so sagten sie mir, würden sie mir zeigen, wie groß das Elend der Menschen im Südkivu sei und was sie selbst unternommen hätten, um das Elend zu lindern. Es waren vier Kongolesen, die mich am nächsten Morgen abholten. Meine zwei Bekannten und zwei weitere Bekannte von ihnen, wie ich erfuhr. Im Auto fuhren wir, im oft vergeblichen Versuch, die vielen Schlaglöcher zu umkurven, nach Muku, einem Dorf gut fünfzehn Kilometer südwestlich von Bukavu. Wir hielten vor zwei etwas größeren Gebäuden aus Holz, hinter denen sich ein freier Platz von der Größe eines halben Fußballfeldes erstreckte. Das hier sei die Grundschule von Muku, sagten mit meine Begleiter, und auf dem Schulhof würden die Schulkinder jetzt für mich etwas zur Darstellung bringen.

Nachbarn kommen und stellen sich an den Schulhofrand. Immer mehr Schulkinder stehen auch dort, die Unterrichtspause hat begonnen. In der Mitte des Schulhofs steht eine Gruppe von zehn Schülerinnen und Schülern, weitere fünf hocken auf dem Boden. Einige haben Schüsseln vor sich, andere halten landwirtschaftliche Geräte in den Händen und machen damit regelmäßige Arbeitsbewegungen. Zwei halten eine Ziege an einem Seil. Augenscheinlich soll die Szene dörfliches Leben darstellen. Friedlich und ruhig.

Plötzlich stürmt eine Horde anderer Schulkinder heran, ausschließlich Jungen mit geschwärzten Gesichtern. Unter großem Geschrei schwenken sie wild Macheten und Gewehre, die sie aus Holz hergestellt haben. Ein Überfall steht bevor, soll das wohl heißen, und tatsächlich machen sich die Kinder über die anderen her, die in dörflicher Ruhe ihrem Tagwerk nachgehen. In angedeuteten Bewegungen schlagen die Angreifer wild auf die gespielte Dorfbevölkerung ein, mit einem Aufschrei brechen einige zusammen, andere liegen wimmernd am Boden, nur wenigen gelingt die Flucht. In Windeseile raffen die Angreifer zusammen, was sie tragen können, dann fliehen sie, verschwinden hinter einem Schulgebäude, zwei Mädchen und die Ziegen hinter sich herziehend.

Ruhe tritt ein. Von den niedergestreckten Opfern ist kein Laut zu hören. Auch das Publikum schweigt. Anfängliches Feixen einzelner Zuschauer ist längst verstummt, wie auch eine versuchte Kontaktaufnahme zu den Darstellerinnen und Darstellern. Alle warten.

Plötzlich ist ein Wehklagen zu hören. Eine Gruppe von Kindern, Jungen und Mädchen erscheint wieder auf dem Schulhof. In zwei Reihen, wie in einer Prozession, laufen sie langsam auf die Zuschauer zu. Es sind Täter und Opfer von eben, die jetzt gemeinsam trauern, alle als Opfer. Ihre Köpfe und Gesichter haben sie mit Mehl geweißt, sie wirken wie Tote, die den Lebenden eine Botschaft nahe bringen wollen. Was sie leise singen, verstehe ich nicht, denn sie singen auf Suaheli. Meine Begleiter übersetzen mir den Text, sinngemäß, so mein Eindruck. Es gehe um Tod, Zerstörung, Leid und um Hoffnungslosigkeit. Hoffnungslosigkeit und Verzweiflung bestimmten das Leben der Überlebenden, sagen sie mir, es gebe keine Hilfe, die Opfer würden allein gelassen, die Menschen lebten in dauernder Angst vor Überfällen.

Die Botschaft kommt an. Wie soll ich mich ihr auch entziehen können an einem Ort, an dem alles dunkel, beinahe endzeitlich wirkt. Die tief hängenden Wolken, der Wind, der mit der feuchten Luft beinahe so etwas wie Kälte fühlen lässt, in einer Höhe von 1500 Metern, auf der Muku liegt, wahrscheinlich nicht ungewöhnlich, zusammen mit der bedrückenden Schülerpräsentation und den zum Teil barfuß und in zerrissener Kleidung neben mir Stehenden verstärken sie jedoch die Stimmung, an einem Ort zu sein, wo das Leben ein bloßes Überleben ist.

Und so begann mein Engagement in Muku. Ich sah es zunächst als eine Art Ausgleich. Ein gutes Leben in Deutschland, Lebensrisiken durch Versicherungen minimiert, in Afrika oft in Hotels mit westlichem Standard wohnend, eine berufliche Beschäftigung mit einem Thema – »Aufarbeitung des Völkermords in Ruanda« –, das die häufige Anwesenheit in der Region erforderte, in die ich wahrscheinlich nie gekommen wäre, hätte sich dort nicht Massengewalt mit ihren grenzüberschreitenden Folgen in Form von Tod, Leid und Zerstörung ereignet. Ich verdiene mein Geld dank des Elends anderer, sagte ich mir und folgerte daraus, dass ein Versuch, das Elend zu mildern, angebracht sei. Die zwei Welten, in denen ich mich bewegte, waren jetzt nicht mehr durch Tausende von Kilometern getrennt, sondern lagen in unmittelbarer Nachbarschaft. Reichhaltiges Essen im Hotel und wenig später der Anblick von Hungerbäuchen auf der Straße oder die beständige Sorge um die eigene Gesundheit gegenüber der unter Kongolesen hohen Mortalitätsrate bei einfachen Erkrankungen ließen einen Handlungsdruck entstehen.

Sie hätten vor einigen Jahren einen Verein gegründet, meinten meine kongolesischen Begleiter später in Bukavu, einen Verein, der sich der Verbesserung der Lebenssituation der von Verbrechen und Armut betroffenen Bevölkerung in und um Bukavu widme. Die Grundschule in Muku hätten sie mit vereinseigenen Mitteln gebaut, außerdem gebe es in Bukavu noch eine Schreinerei, in der ehemalige Kindersoldaten zu Schreinern ausgebildet würden. Ich war beeindruckt. Kongolesen, finanziell selbst nicht auf Rosen gebettet, setzten sich für ihre Landsleute ein. Tatkräftig und mit Erfolg, wie ich gesehen hatte. Natürlich war noch viel zu tun. Doch dazu fehlte es vor allem an den finanziellen Mitteln. »Wenn wir nur mehr Geld hätten, dann könnten wir unsere Projekte ausbauen und ein wenig Hoffnung verbreiten« lautete der Kernsatz der Botschaft, mit der ich den Kongo verließ.

In den folgenden Jahren gelang es mir, Geld zu beschaffen. Nicht mir allein, um bei der Wahrheit zu bleiben, sondern auch anderen, die ich von der Notwendigkeit zu helfen überzeugen konnte. So gelang es dem kongolesischen Verein, ein drittes Schulgebäude zu errichten, in der Nachbarschaft zur Schule ein Feld von einem halben Hektar (5.000 Quadratmeter) für eine Frauenkooperative und in Burhale, einer Ortschaft sechzig Kilometer südwestlich von Bukavu, ein Areal von vierzehn Hektar Größe für eine andere Frauenkooperative zu erwerben, Material und Werkzeug für die Ausbildungswerkstatt zu kaufen und in Igoki/Cahi, einem Stadtteil mit sehr vielen Binnenflüchtlingen, eine Essensversorgung zu organisieren. Bis zu einhundert Kinder konnten dreimal wöchentlich kostenlos einen Brei bekommen, der auf einer Feuerstelle neben einer zu einem Speiseraum mit Bänken und einigen Tischen umfunktionierten größeren Holzhütte, ein wenig großspurig »centre nutrionnel« (Ernährungszentrum) genannt, zubereitet wurde. Schließlich kaufte der kongolesische Verein mit deutschen Spendengeldern noch das Grundstück, auf dem die jetzt drei Gebäude der Grundschule in Muku standen. Der Pachtvertrag sei eine zu unsichere Besitzgrundlage, Eigentum sei besser und die Gelegenheit günstig, hatte es zur Begründung geheißen.

Fünf Jahre nach meinem ersten Besuch in Muku war also einiges erreicht. Wo immer möglich, hatten wir auf einen Finanzierungsplan bestanden, regelmäßige Besuche vor Ort sollten die Kontrolle gewährleisten. Das Ergebnis war augenscheinlich besser, als die inzwischen zehn Mitglieder des kongolesischen Vereins und ich selbst erhofft hatten. Ohne die Gründung eines deutschen Vereins, der sich als Kooperationspartner des kongolesischen Vereins verstand, wäre das nicht möglich gewesen. Jahresberichte über die jeweiligen Vereinsaktivitäten informierten die Spender, auf der Website des

Vereins waren die Erfolge auch bildlich dokumentiert. Hilfe zur Selbsthilfe wollten wir leisten, und das sich bei uns manchmal einschleichende Gefühl paternalistischer Bevormundung derer, die Hilfe eines nahen Tages nicht mehr nötig haben sollten, brachten wir mit der Überlegung zum Verschwinden, ausschließlich in enger Zusammenarbeit mit dem kongolesischen Partnerverein aktiv zu werden und das Selbsthilfe-Ideal auch den 150 Frauen und Mädchen der beiden Frauenkooperativen, alle Opfer von Kriegsgewalt, nahe zu bringen.

Die Hilfe würde gleichwohl zuerst eine humanitäre Hilfe sein. Selbst Einkommen zu generieren, würde in diesem Umfeld nicht von heute auf morgen zu bewerkstelligen sein, schon gar nicht für die Grundschule. Das bescheidene Schulgeld von einem US-Dollar bzw. dessen Gegenwert in kongolesischen Francs reichte nicht zur Finanzierung der Gehälter für die sieben Lehrerinnen und Lehrer und würde auch in Zukunft nicht reichen, es sei denn, die Schulleitung erhöhte deutlich die Zahl der Schüler pro Klasse, bis die landestypische Klassenstärke von ca. achtzig Schülerinnen und Schüler erreicht wäre. Das war jedoch weder für sie noch für uns eine Option. Wir arbeiteten ohne administrative Kosten und hofften, die benötigten Gelder auch in Zukunft bereitstellen zu können.

Heute müssen wir, muss vor allem ich mich fragen, wie wir und noch einmal ich, der regelmäßig in Bukavu war und die Projekte besichtigte, der mit den lokalen Vereinsmitgliedern und den Menschen in den Projekten sprach, so naiv sein konnten. Die Schule sollte von Monat zu Monat in ihrer Existenz bedroht sein. Der Übergang von der humanitären Hilfe zur Entwicklungshilfe sollte auch da, wo er möglich und notwendig war,

Wie man in eine Falle gerät und mühsam wieder herauskommt

nicht funktionieren, weil unsere kongolesischen Partner andere Pläne hatten.

Erste Gerüchte über die Unterschlagung von Geldern erreichten uns zwei Jahre, nachdem wir begonnen hatten, kostenlosen Brei an Kinder zu verteilen. Wir waren gerade dabei, in einem Nebengebäude eine Erste-Hilfe-Station mit Medikamentenverkauf einzurichten, als zwei Mitglieder des Partnervereins andeuteten, es gehe bei der Breizubereitung und -ausgabe nicht mit rechten Dingen zu. Konkrete Hinweise, denen wir hätten nachgehen können, gaben sie uns nicht. Versuche, den Verdacht vereinsintern zur Sprache zu bringen, scheiterten völlig. Die Angesprochenen reagierten empört auf die Anschuldigung, einer ließ mit zornbebender Stimme die Leistungen des Vereins Revue passieren. »Wie hätte all das erreicht werden können ohne Ehrlichkeit? Was ist so ungewöhnlich an dem Gedanken, dass auch Kongolesen das Schicksal ihrer Landsleute am Herzen liegt?«

Aber wie das so ist mit einem Verdacht: Ist er einmal, selbst in seiner kleinsten Form, in der Welt, entfaltet er seine Wirkung. Gierig greift er nach allem, was ihn größer macht. Und davon gab es einiges. Zuerst klang es unglaublich, irgendwann jedoch passte eins zum anderen und ließ ein Verhaltensmuster erkennen. Um mit der Breizubereitung zu beginnen: Das Gerücht, wonach es hier zu Unregelmäßigkeiten gekommen sei, bestätigte sich. Mehr noch, aus den Unregelmäßigkeiten war ein Geschäftsmodell geworden. Maniok, Mais und Bohnen wurden in großen Mengen abgezweigt. Mitglieder des Partnervereins, die, weil im Vorstand, im Verein das Sagen hatten, verteilten den Verkaufserlös aus der Veräußerung der gestohlenen Waren unter sich. Später gingen sie dazu über, Gelder direkt nach der Überweisung zu unterschlagen, oft mehr als die Hälfte der überwiesenen Summe. Dann die Schule und das Schulgebäude: Für Letzteres haben wir einen weit überhöhten Preis bezahlt. Etwa fünfzig Prozent haben sich Mitglieder des Partnervereins selbst zugebilligt, als Provisionsgebühr. Was beim Bau des dritten Schulgebäudes noch für sie abfiel, weiß ich nicht, doch auch hier werden sie für ihren Anteil gesorgt haben. Zuletzt die Frauenkooperative in Burhale mit mehr als einhundert Frauen und Mädchen, ein Ort des Schutzes und der Zuversicht, der uns am Herzen lag: Wir haben das vierzehn Hektar große Hügelgrundstück der Familie eines Vereinsmitglieds abgekauft, was wir nicht wussten. Wieder haben die tonangebenden Vereinsmitglieder einen Teil des Kaufpreises in die eigene Tasche gesteckt, ein Verhalten, das sich wenige Monate später wiederholte, als wir zusammen mit dem Partnerverein zehn Holzhäuser für die Bedürftigsten unter den Frauen bauen ließen. Unsere ursprüngliche Idee, der vorherrschenden lokalen Bauweise entsprechend, Strohhütten zu bauen, war vehement abgelehnt worden, zu instabil, zu unhygienisch, eine Beleidigung für die Frauen. Irgendwann, nachdem wir uns auf die Bedenken eingelassen hatten, erschloss sich uns der wahre Grund für die rigorose Ablehnung. Beim Bau der deutlich günstigeren Strohhütten ließ sich nicht so viel Geld beiseiteschaffen.

Natürlich haben wir Klage eingereicht. Ein Zufall kam uns zu Hilfe, der uns handfeste Beweise lieferte. Überzeugender als das, was uns Vereinsmitglieder mitteilten, weil sich ihr Gewissen regte oder sie sich übervorteilt fühlten, waren Informationen, die wir von einem belgischen Verein bekamen, der auch im Südkivu aktiv war. Für die Grundschule in Muku hatte es eine Doppelfinanzierung gegeben. Wie wir vom deutschen Verein hatte auch der belgische Verein die Schulerweiterung um ein drittes Klassengebäude und danach auch den Kauf des Schulgeländes finanziert. Unterlagen darüber gab es, sogar wortgleiche. Die Unterstützungsanträge an uns waren einfach nur abgeschrieben worden.

Dass die kongolesische Justiz einen schlechten Ruf hat, wussten wir. Unsere Beweise würde sie allerdings nicht ignorieren können, dachten wir. Der Kommentar des Staatsanwalts, dem wir die Unterlagen als Beweise vorlegten, bestärkte uns. Es sei eindeutig, meinte er, dass in betrügerischer Absicht gehandelt worden sei. Ein Fall wie der unsrige komme leider häufig vor. Weiße wollten helfen und würden von gewissenlosen Kongolesen betrogen, ihre Hilfsbereitschaft schändlich ausgenutzt. »Manger le blanc« (den Weißen essen) lautete der Ausdruck, den er in diesem Zusammenhang mehrfach verwendete. Ich kannte diesen Ausdruck schon, sah mich, die deutschen Vereinsmitglieder und unsere Unterstützer aber in der Vergangenheit zu keinem Zeitpunkt als ein Objekt zur Stärkung geldgieriger Kongolesinnen und Kongolesen. Zu Unrecht, wie wir nun wussten. In einer Hinsicht hatte sich schon bewahrheitet, was im Kongo kolportiert wird. Wer es finanziell zu etwas bringen wolle, so der Volksmund, habe drei Möglichkeiten. Er geht in die Politik, strebt in der katholischen Kirche, der die Mehrheit der Kongolesen angehört, einen Posten mit Aufstiegsperspektive an oder er gründet einen Verein mit humanitärer Zielsetzung, um an ausländische Gelder zu kommen. Von der dritten Variante waren wir betroffen. Unser Verlust belief sich auf einen niedrigen fünfstelligen Betrag – ein Vermögen im Kongo, wo das Bruttoinlandsprodukt in jenen Jahren um die 300 US-Dollar pro Kopf und Jahr betrug.

Zwei Wochen später saß ich wieder im Büro des Staatsanwalts. Von der Zuversicht, einen klaren Fall schnell zur Anklage und die Schuldigen schnell zur Verurteilung bringen zu können, war nichts mehr zu spüren. Jetzt hieß es plötzlich, der Sachverhalt sei gar nicht so klar, wie er sich anfangs dargestellt habe. Ermittlungen müssten noch durchgeführt, Beschuldigte und Zeugen noch befragt werden, kurzum, wir hätten uns auf eine Reihe weiterer Termine einzustellen, ehe über eine Anklageerhebung entschieden werden könne.

Was war geschehen? Ganz einfach. Geld ist geflossen. So viel, dass der Staatsanwalt sich zu einer abrupten Meinungsänderung veranlasst sah. Einer der Beschuldigten, wahrscheinlich der Schatzmeister des kongolesischen Vereins, musste seine Vorladung beim Staatsanwalt genutzt haben und diesem, als er feststellte, dass es ernst wurde, einen Geldbetrag zugesteckt haben, hoch genug, diesen das schwarze Loch der kongolesischen Bürokratie ansteuern zu lassen, das Strafverfahren auf Nimmerwiedersehen verschluckt. Geld genug dafür hatte er, denn mit Eifer hatte er das unterschlagene Geld in eine Import-Export-Firma investiert, die allem Anschein nach florierte.

Versuche, in den folgenden Monaten und Jahren das Strafverfahren wieder zum Vorschein zu bringen, scheiterten, nicht ohne erneuten Betrug und Justizwillkür. Ein Anwalt, den wir auf Anraten der »Diözesankommission Gerechtigkeit und Frieden« (*Commission Diocésaine Justice et Paix*) in Bukavu mit der Vertretung unserer Interessen betraut hatten, versprach uns größtes, christlich motiviertes Engagement, nur um uns nach einem Kostenvorschuss mit einigen nichtssagenden Schriftsätzen hinzuhalten. Im Lichte dessen, was ich später über die Diözesankommission erfuhr, war das nicht verwunderlich. Häuser in bester Lage am Kivusee, große Autos und Reisen nach Europa oder Nordamerika, angenehme Hotels, eine bevorzugte Betreuung und Tagegeld scheinen aufs Beste zum Elend und zum Bedürfnis nach finanzieller Hilfe zu passen, die Kommissionsmitglieder nicht müde werden, im Geist der Selbstlosigkeit wortreich zu betonen. Sie wissen, Hautfarbe und Herkunft schützen vor kritischen Nachfragen, verbleibende Zweifel verschwinden angesichts der unterstellten christlichen Berufung.

Mit dieser Haltung kann man auch einem Weißen im Kongo, der eigentlich auf der Suche nach uneigennütziger Unterstützung ist, einen Anwalt unterjubeln, für den das Mandat nur ein anderes Wort für Bereicherung ist. Wäre dies nicht so gewesen, hätten wir vielleicht einen Teil des betrügerisch beiseitegeschafften Geldes wiedergesehen und einem Zeugen wäre ein Schicksal erspart geblieben, das ihn für einige Zeit geradewegs in die Hölle führte. Dieser Zeuge, ein Mitglied des kongolesischen Vereins, das zu unseren Gunsten auszusagen bereit war, wurde unter falscher Beschuldigung aus dem Verkehr gezogen und verbrachte fast neun Monate im Zentralgefängnis von Bukavu. Danach hatte er jedes Interesse an einer Aussage verloren. Danach, das heißt, nach einer Zeit täglicher Demütigungen an einem Ort, wo der Staat längst keine Kontrolle mehr ausübt, wo das Recht des Stärkeren gilt und der Stärkere die Gefängnisleitung besticht, um seine privilegierte Stellung zu sichern. Das Geld dafür beschaffen er und seine Günstlinge sich von den Gefangenen und deren Familien. Will man in einer Welt überleben, in der der Tod eines Menschen so banal ist wie der Tod einer Fliege, muss der Häftling sich anpassen, einen Schutz haben, den er sich durch Geldbeträge oder Dienstleistungen erkauft. Sonst schläft er in einem völlig überfüllten Raum, euphemistisch »Schlafsaal« genannt, direkt auf dem Betonboden liegend oder stehend an Wand oder Mithäftlinge gelehnt. Und er muss Arbeiten erledigen, die niedriger nicht sein können, so das Reinigen der Latrinen für Hunderte von Gefangenen mit der bloßen Hand. Auf Schuld oder Unschuld kommt es in diesem Gefängnis nicht an. Die Inhaftierung im Gefängnis ist Schuldbeweis genug. Entsprechend gering ist die Neigung der Justiz, Strafverfahren auch nur annähernd zügig durchzuführen. Viele Häftlinge sind seit Jahren im Gefängnis und haben nie eine Anklageschrift gesehen.

Unser Zeuge hatte eine Gefängnisstrafe von zehn Jahren zu gewärtigen. Ein Freispruch war, da manipulierte Beweismittel vorlagen, ausgeschlossen. Ob er physisch oder psychisch durch die elenden Haftbedingungen zerstört werden würde, war unseren Prozessgegnern offensichtlich gleichgültig. Hauptsache, er konnte nicht aussagen und unser ohnehin schon im agonalen Zustand sich befindliches Strafverfahren wiederbeleben.

Was tun? Die Antwort lag nahe: die Korrumpierbarkeit der kongolesischen Justiz für unsere Zwecke ausnutzen. Im Auftrag des deutschen Vereins nahm ich Kontakt zu einem Richter auf, den mir kongolesische Bekannte empfohlen hatten. Ich lud ihn zum Abendessen ein und in der gepflegten Atmosphäre eines von einem Schweizer betriebenen Restaurants besprachen wir den Fall. Hundert Dollar pro Jahr Gefängnis sei der Tarif, erklärte er mir unumwunden, in Anbetracht der zu erwartenden Strafe müssten also tausend Dollar an das Gericht bezahlt werden. Er kenne die zwei Richterinnen und den Richter, die sich der Angelegenheit annehmen würden. Zwar müsse er noch mit ihnen Rücksprache halten, doch sei er sich ziemlich sicher, dass es ein freisprechendes Urteil geben werde. Eine Vermittlungsgebühr für sich forderte er nicht. Allerdings ließ er sich wenige Tage später, als er mir von der Zustimmung seiner Richterkollegen berichtete, auch nicht auf meinen Vorschlag ein, die tausend Dollar in zwei Raten zu bezahlen, eine jetzt gleich, die andere nach Verkündung des Freispruchs und Freilassung des Häftlings. Es sei eine Sache der Ehre, die vereinbarte Gegenleistung zu erbringen. Ich bekäme den Freispruch in spätestens einem Monat, darauf könne ich mich verlassen, nur: tausend Dollar, bitte sofort.

Ich habe bezahlt. Das Urteil, offiziell ausgefertigt mit Tatbestand, Subsumtion und Beweiswürdigung, kam in einem Monat. Die Freilassung unseres Zeugen eine Woche danach. Alles ging seinen angekündigten Gang und wirkte nach außen so, als habe es nie eine Geldzahlung gegeben. Ein kongolesischer Richter wäre zutiefst beleidigt, würde man ihn als korrupt bezeichnen. Von den 600 US-Dollar, die er monatlich erhält (Stand 2010), oder, da der Staat des Öfteren auch nicht zahlt, erhalten sollte, kann er den Lebensstil, der ihm nach seiner sozialen Stellung zukommt, nicht führen. Also nimmt er Geld, seinem Habitus nach nicht zur schnöden Bereicherung, sondern um ein Problem zu lösen, das ihm angetragen wurde. Er folgt damit einem Ordnungsprinzip im Kongo. Ob in Politik, Verwaltung, Polizei oder Armee, alle nehmen kleinere oder größere Gefälligkeiten an, um Interessen zu bedienen. Mal unverblümt direkt, mal scheinbar zögerlich, da der Eindruck von Käuflichkeit nicht zu sehr im Vordergrund stehen soll. Wenn der Staatspräsident in jedem seiner gut fünfzehn Amtsjahre um eine Milliarde US-Dollar reicher wurde, Mitglieder seiner Familie in diversen (Fantasie-)Funktionen Hunderte von Millionen Dollar beiseite geschafft haben und nach diesem Muster bis hinunter in die Provinz verfahren wurde, nimmt auch ein kongolesischer Justizbeamter oder Richter mit ruhigem Gewissen. Im Bewusstsein der Würde seines Amtes wendet er Recht an, als habe es nie so etwas Schnödes wie eine Geldzahlung gegeben. Korruption ist ein Tabuwort. Wer allerdings nicht zahlt, hat keinen Zutritt zur Welt der kongolesischen Justiz oder er bleibt darin gefangen, falls ihm das Unglück widerfahren ist, in ihre Fänge geraten zu sein.

Vermutlich werden Sie, sehr geehrte Leserin und sehr geehrter Leser, sich bei der Lektüre dieses Kapitels schon mehrmals gefragt haben, warum wir, der deutsche Verein und ich als dessen Vertreter im Kongo, nicht einfach unsere Aktivitäten im Südkivu eingestellt haben, spätestens nach der versuchten Ausschaltung unseres Zeugen. Die Frage ist sehr berechtigt. Nicht nur haben wir über Jahre hinweg mit Kriminellen zusammengearbeitet – von den Kindern in Bukavu, denen trotz unserer regelmäßigen Zahlungen kein oder nur ein wässriger Brei zubereitet wurde, sind einige an Infektionskrankheiten infolge ihrer großen körperlichen Schwäche gestorben –, auch standen wir gegenüber den Spendern in Deutschland in der Verantwortung. Sie gaben zum Teil beträchtliche Summen, um humanitäre Hilfe zu leisten und den Menschen eine lebenswürdige Perspektive zu geben. Warum also haben wir weitergemacht?

Wie man in eine Falle gerät und mühsam wieder herauskommt

Die erste Antwort lautet: Wir haben nichts geahnt und nichts gewusst. Das Leid der Menschen stand uns eindringlich vor Augen, es musste etwas geschehen und wir waren in der Lage, Hilfe herbeizuschaffen. Das haben wir gemacht, ohne nennenswerte Verwaltungs- oder Organisationskosten. Berufsbedingte Reisen haben wir genutzt, um Geld und Material ohne Zusatzkosten zu den Projekten zu bringen. Schnell und effektiv und darum auch mit einer beeindruckenden Bilanz, die, wenn sie nachhaltig sein sollte, andauerndes Engagement erforderte. Links und rechts der Straßen im Südkivu standen viele Informationstafeln, die in großen, farbigen Lettern von der Kooperation ausländischer und kongolesischer NGOs (*non-governmental organizations*, Nichtregierungsorganisationen) zeugten. Wer dann allerdings genauer sehen wollte, was denn gemeinsam erreicht worden ist, stieß fast durchweg auf bedrückende Überreste vergangenen Engagements. Zerfallene Gebäude, aus denen alles von Wert entfernt worden war, halbfertige und doch irgendwie funktionierende Projekte, von denen jede Zeltplane mit dem Logo einer Organisation der Vereinten Nationen, die als Wand- oder Dachersatz dienen musste, von Diebstahl und Plünderung erzählte. Aus eigener Anschauung und Gesprächen mit Mitarbeitern internationaler NGOs wussten wir, dass Hilfsgelder und Hilfslieferungen abgezweigt werden oder ganz verschwinden. Nicht bei uns, so dachten wir. Unsere Schule war, am Maßstab der Leistungen der Abschlussklassen gemessen, die beste in der Region. Die Lehrerinnen und Lehrer bezahlte unser kongolesischer Partnerverein im Landesvergleich sehr gut (verlässlich gezahlte hundert Dollar statt der unsicheren fünfzig Dollar an staatlichen Schulen), die zwei Frauenkooperativen hatten eine

Ziegenzucht begonnen und produzierten bereits einen kleinen Überschuss an landwirtschaftlichen Erzeugnissen, die Schreinerei bildete jährlich zwischen zehn und zwölf ehemalige Kindersoldaten zu Schreinern aus. Dass parallel dazu Mitglieder des Partnervereins die von uns gefüllte Kasse plünderten, indem sie Arbeiten zu hoch abrechneten oder Fantasiepreise für den Kauf von Grundstücken oder Material auswiesen, kam uns nicht in den Sinn. Der äußere Anschein sprach eine andere und für uns eindeutige Sprache. Wir waren uns sicher: Dass Papier geduldig ist, konnte niemand von den Jahresberichten unseres Vereins behaupten.

Die nächste Antwort folgt aus dem Umstand, dass der Übergang von der humanitären Hilfe zur Entwicklungshilfe und Entwicklungszusammenarbeit fließend ist. Hilfsmaßnahmen beginnen in Katastrophensituationen. Entweder treibt die Natur Menschen in die Flucht, bewirkt Hunger und Massenelend, oder Kriege und interne Konflikte finden statt und haben die gleiche Konsequenz. Bei Letzteren kommt noch hinzu, dass Menschen zielgerichtet das Leiden anderer zu vergrößern suchen. Wo humanitäre Hilfe es dort mit korrupten Politikern oder Militärs zu tun hat, ist sie hier zudem der Habgier und Willkür von Milizionären und Warlords ausgesetzt, denen es allein um einen militärischen Vorteil oder individuelle Bereicherung geht und die darum auch nicht zögern, die Hilfe umzuleiten, zu verkaufen oder sonst wie als Kriegswaffe einzusetzen.

Wir waren nie in einer solchen Situation. Als wir 2004 im Südkivu unsere Aktivitäten aufnahmen, waren die Milizen schon in die Nachbarregion weitergezogen. 2009, nach dem Beginn der Kämpfe im Nordkivu, die bald auf den Südkivu übergriffen, waren wir nur am

Rande von den Fluchtbewegungen betroffen. Die Flüchtlinge erhielten Decken und Nahrungsmittel und setzten bis auf einige wenige, die in der Frauenkooperative von Burhale bleiben wollten, ihren Weg irgendwohin fort. Nur einmal gab es einen Überfall auf eine Frau, die, Witwe und mit sechs Kindern allein in einer abgelegenen Hütte lebend, von uns Mehl und Zucker bekommen hatte. Im Glauben, wir, die Weißen, hätten ihr auch Geld gegeben, wurde sie nachts überfallen und ausgeraubt. Von wem, habe ich nicht erfahren können. Das Phänomen aber, dass Menschen in der Not mit Argusaugen auf ihren Besitz aufpassen müssen, weil er ansonsten gestohlen wird, oder dass Bedürftige anderen Bedürftigen keine Hilfslieferungen gönnen, habe ich immer wieder festgestellt. Eine Banalität, ich weiß. Eigentlich sollte nicht verwundern, dass der Mensch dem Menschen ein Wolf ist. Das gilt nur so lange nicht, wie der Staat seinen Bürgern Sicherheit bietet und ihnen ein Mindestmaß an Freiheit und Wohlstand ermöglicht. Ist er dazu nicht mehr in der Lage, gilt das Recht des Stärkeren, ganz gleich, was das in der Konsequenz für den Schwächeren bedeutet.

Ab wann aber ist die Bedrängnis nicht mehr so groß, dass man auch das Recht des anderen auf ein menschenwürdiges Leben zur Kenntnis nehmen kann und muss? Der Punkt des Übergangs ist schwer zu bestimmen und weist insofern eine deutliche Parallele zum Übergang von humanitärer Hilfe zur Entwicklungshilfe auf (Entwicklungszusammenarbeit beschreibt einen noch ferneren Zustand). In der Fachliteratur werden die Begriffe durchweg nicht klar getrennt, oft, so der Verdacht, aus Gründen der Skandalisierung von Entwicklungsarbeit. »Viele Hilfsprojekte bewirken wenig oder gar nichts«

(Patrice C. McMahon) ist eine pauschale Aussage, die es sogar bis auf *Spiegel Online* geschafft hat,* gerade weil im falschen Ton der Besorgnis darauf spekuliert wird, dass ihre Botschaft dem Leser eine Steilvorlage für die Rechtfertigung eigener Untätigkeit liefert. Eine andere Autorin spricht in ihrer Untersuchung der Arbeit humanitärer Hilfsorganisationen von einer »Fragmentierung der Vernunft«, ohne deutlich zu machen, worauf sich das unvernünftige, vulgo unbedachte und eigennützige Handeln der Organisationen bezieht. Mal ist von humanitärer Hilfe, mal von Entwicklungshilfe die Rede. Eine Unterscheidung anhand von nachvollziehbaren Kriterien trifft sie nicht, unterstellt somit, es sei alles eins und mache das Urteil, man habe es hier mit einem undurchsichtigen Vorgang zum hauptsächlichen Nutzen einiger internationaler NGOs mit Sitz in Westeuropa oder den USA zu tun, unabweisbar.

Wie bereits gesagt, der Unterschied verschwimmt in der Tat häufig, schon allein deshalb, weil die Entwicklung in einer Region unterschiedlich sein kann. Das anzuerkennen und in einem Akt des Perspektivwechsels die damit einhergehenden Schwierigkeiten nicht als Ausweis von Konzeptionslosigkeit und Desinteresse zu verstehen, sondern als Herausforderung zu begreifen, wäre der richtige Schritt. Ihn nicht zu gehen, sich auf eine Ferndiagnose zu verlassen, die Eindeutigkeit vorgaukelt, wo keine ist, ist ohne analytischen Wert. Wie soll sich eine NGO verhalten, wenn die humanitäre Katastrophe abgewendet, die Menschen zu essen und ein

---

* https://www.spiegel.de/politik/ausland/ngos-in-der-kritik-viele-hilfsprojekte-bewirken-wenig-oder-gar-nichts-a-1278589.html, zuletzt aufgerufen am 31.1.2020.

Dach über dem Kopf haben, und nun nicht mehr wissen, wohin sie sich wenden sollen oder können? In Muku war in den ersten Jahren mehr als die Hälfte der 360 Schülerinnen und Schüler Halb- oder Vollwaisen, in Burhale und auch in Muku gründeten die dorthin geflüchteten Frau landwirtschaftliche Kooperativen, weil es für sie ansonsten schlicht keine Überlebensalternative gab. Hätten wir, unter Verweis auf die strikte Begrenzung der Hilfe auf den humanitären Aspekt, jede weitere Hilfe zur Entwicklung verweigern sollen? Sollten wir die Chance, den Menschen über Bildung und Arbeit ihre Würde zurückzugeben, ausschlagen? Wir haben uns anders entschieden und die Erfolge haben uns Recht gegeben. Auch nach dem vereitelten Gerichtsprozess.

Die dritte Antwort auf die Frage, warum wir weitergemacht haben, war unsere Abneigung gegen eine Haltung, die sich als arrogant oder zynisch bezeichnen lässt. Diese Haltung bemüht Großes, um Kleines nicht tun zu müssen. Erst müssten die Strukturen internationaler Machtpolitik oder der ausbeuterischen Weltwirtschaftsordnung verändert werden, heißt es da, wahlweise auch, dass zunächst kleptokratische Regimes verschwinden müssten, bevor Hilfe zur Entwicklung sinnvoll sei. Das ist ein erstaunlicher Befund. Ginge es, um ein nahe liegendes Beispiel zu nehmen, um den Klimawandel und dessen Folgen, würden solche Stimmen erste Maßnahmen, die geeignet sein könnten, Abhilfe zu schaffen, nicht von der vorher auf internationaler Ebene unternommenen Beseitigung der Luftverschmutzung oder der dort vorhandenen ernsthaften Bereitschaft dazu abhängig machen. In der Entwicklungshilfe soll jedoch genau das geschehen. Migrationsbewegungen aus Afrika nach Europa sorgen zwar gelegentlich für ein wenig Unruhe, noch aber markieren der abgesicherte eigene Lebensmodus mit regelmäßigen Gehaltszahlungen und aller Arten von Sozialversicherungen die Wegmarken des eigenen Horizonts. Die Existenz von bedrängten Menschen, einer auch nur annähernd menschenwürdigen Zukunft beraubt, gehört nicht dazu. Für die Integrität des wie auch immer wissenschaftlich abgesicherten Weltbildes, dem Menschen in der nördlichen Hemisphäre anhängen (dazu später mehr), wird er gewissermaßen in Haft genommen. Wo noch Zweifel verbleiben, besorgt das Argument der zu befürchtenden paternalistischen Bevormundung den Rest.

Dass Afrikaner selbst am besten wissen, welche Art von Hilfe sie in welcher Dosierung brauchen, war für uns Arbeitsgrundlage. Ebendarum sind wir die Kooperation mit dem kongolesischen Partnerverein eingegangen. Die Kongolesinnen und Kongolesen in den gemeinsam betreuten Projekten hatten Namen und Gesichter, und sie hatten die Hoffnung auf eine bessere Zukunft. Beides auszulöschen, erschien uns eine nicht hinnehmbare Konzession an den akademischen Blick herunter von der beeindruckenden Höhe des Elfenbeinturms.

Die weitere Entwicklung der Projekte hat uns Recht gegeben. Die landwirtschaftlichen Kooperativen konnten die Frauen und ihre Kinder ernähren. Bescheidene Überschüsse ermöglichten den Kauf von Saatgut, später auch von Ziegen, deren Aufzucht in Burhale anfänglich durch Spenden finanziert worden war. In Muku war die Frauenkooperative sogar in der Lage, die Schüler und Schülerinnen der in der Nähe liegenden Grundschule immer mal wieder mit Salat und Gemüse zu versorgen. Die Gebäude der Schule ersetzten wir durch solche in Steinbauweise. Dank privater Spender, vor allem dank der finanziellen

Unterstützung des Bundesministeriums für wirtschaftliche Zusammenarbeit und Entwicklung (BMZ) und seiner gemeinnützigen Gesellschaft *Engagement Global* hatten wir das Geld, um zwischen 2016 und 2018 zwei Schulgebäude mit sechs großen, hellen Klassenräumen, Lehrer- und Besprechungszimmer sowie einem Materialraum zu errichten, nun unter Zugrundelegung von Wirkungsmatrix, Zeitplan und Monitoring. Den Schulhof konnten wir vergrößern, so dass er für Ballspiele geeignet war und ist, die Toiletten sind nun geschlechtergetrennt, haben eine Spülung und fließendes Wasser, es ist Regenwasser, das in Zisternen gesammelt und anschließend in einem Drei-Kammer-System gereinigt wird. Bei allen Baumaßnahmen war der kongolesische Partnerverein, der sich personell fast vollständig erneuert hatte, unmittelbar beteiligt. Er war rechtlich gesehen der eigentliche Bauherr und setzte, wann immer möglich, Arbeitskräfte aus dem Ort oder der Umgebung ein. So hatten diese, durchweg Väter von schulpflichtigen Kindern, nicht nur eine Verdienstmöglichkeit, sondern im Idealfall auch eine engere Bindung an die rundum erneuerte Schule.

Ende 2021 wird der deutsche Verein sein Engagement im Südkivu beenden. Auch im Rückblick war es die richtige Entscheidung, nach der Aufdeckung von Betrug und Unterschlagung in unserem kongolesischen Partnerverein weiterzumachen. Vertrauen in die Zusicherungen der neuen Mitglieder des Vereins zu setzen, fiel uns anfänglich schwer. Zu stark sollte die Kontrolle nicht sein, andererseits standen wir gegenüber unseren Spendern im Wort, mussten folglich die zugesagte Verwendung der Spenden nachweisen können. Das war auch den Mitgliedern des neuen Partnervereins bewusst (der kongolesische Verein hatte sich zum

Zeichen des Neubeginns einen neuen Namen gegeben). Der leiseste Verdacht finanzieller Unregelmäßigkeiten hätte unsere Kooperation abrupt beendet, daran bestand für alle Beteiligten kein Zweifel. Dennoch gab es nicht wenige Momente, die für Beunruhigung sorgten. Eine Beerdigung, ein Krankheitsfall oder ein Unfall schufen Notlagen, die vereinsintern aufgefangen werden mussten. Was bei uns zur Routine gehört, war dort leicht von tödlicher Gefahr. Staatliche Hilfe war und ist im Kongo nicht zu erwarten, im Gegenteil, regelmäßig mussten wir uns gegen Inspektoren zur Wehr setzen, die unsere Projekte mit diversen Steuerforderungen traktierten und auf die auch die Gemeinnützigkeit des kongolesischen Vereins keinen Eindruck machte. Seit Monaten warteten sie auf ihre Gehälter und waren finanziell entsprechend ausgehungert.

Der derzeitige Koordinator der Projekte ist dreißig Jahre alt und Sohn des vormaligen Koordinators, der 2018 gestorben ist. Zu jung und überdies in einer Funktion ein Erbe, bei dem die Eignung nicht an erster Stelle gestanden hat, könnte man meinen. Trotzdem haben ihn die Mitglieder gewählt. Sie unterstellten ihm die Beharrlichkeit und Durchsetzungskraft, die Vereinsinteressen gegen alle Pressionen und Begehrlichkeiten erfolgreich zu vertreten. Er war schon in den letzten Jahren die rechte Hand seines Vaters, fuhr als Kurier mit dem vereinseigenen Motorrad zwischen den Projektorten hin und her und kümmerte sich um die pünktliche Auszahlung der Lehrergehälter. Überzeugt von seiner Eignung hatte alle letztlich sein Verhalten unmittelbar nach dem Tod seines Vaters. Mit Geschick und Hartnäckigkeit hatte er eine Situation gemeistert, die selbst für afrikanische Verhältnisse ungewöhnlich war. Geschehen war dies: Im Oktober 2018 befand sich sein Vater zur Behandlung in einem Krankenhaus in Bujumbura, der Hauptstadt Burundis. Als die Ärzte zu dem Ergebnis kamen, die Krankheit sei nicht mehr therapierbar, ihr tödlicher Verlauf nicht mehr aufzuhalten, baten sie die Familie des Kranken in Bukavu, ihn vor Eintritt des Todes zurück nach Hause zu bringen. Einen Leichnam von Burundi in den Kongo zu überführen, sei erfahrungsgemäß mit immensen administrativen Schereien und hohen Kosten verbunden. Einer der Söhne, der uns wohl bekannte enge Mitarbeiter des Vaters, fuhr mit dem Bus direkt nach Burundi, um seinen Vater im Krankenhaus abzuholen. Auf der Rückfahrt passierte jedoch das, was unbedingt vermieden werden sollte. Der Vater starb, noch bevor die burundisch-ruandische Grenze erreicht war (wegen der besseren Straßenverhältnisse und der höheren Sicherheit sollte die Rückreise über Ruanda erfolgen). Mit großer Mühe war es dem Sohn noch gelungen, den Kranken in einen sogenannten Minibus zu setzen, ein gewöhnlich völlig überfüllter und überladener Kleinbus, bei dem kaputte Scheiben die Klimaanlage ersetzen und Fahrgäste im Wettstreit mit Taschen, Säcken voller Bohnen und Bananenstauden ihren Platz behaupten müssen. Dann musste das Herz versagt haben. Die burundischen Grenzbeamten glaubten die Geschichte von dem fest schlafenden Fahrgast nicht, maßen die Körpertemperatur des Toten und ließen den Bus sodann schnell und ohne weitere Kontrolle zur ruandischen Grenzstation weiterfahren, nicht ohne vorher klar gemacht zu haben, dass es ein Zurück nicht geben würde. Drei Stunden stand der Bus im Niemandsland zwischen Burundi und Ruanda. Burundische Zöllner machten ihre Ankündigung wahr, ihre ruandischen

Kollegen beharrten auf der Vorlage eines Totenscheins. Die Fahrgäste protestierten lautstark, spalteten sich aber bald in zwei Gruppen. Die eine warf dem Sohn des Verstorbenen mit unfreundlichen Worten vor, sie alle in eine üble Situation gebracht zu haben, die andere zeigte Mitleid und unterstützte ihn in seinem Versuch, mit seinem toten Vater durch die ruandische Grenzkontrolle zu kommen. Er schaffte es, die ruandischen Grenzbeamten davon zu überzeugen, dass die einzige sinnvolle Lösung des Problems, auch im Interesse der übrigen Fahrgäste, darin liege, den Bus seine Fahrt nach Bukavu fortsetzen zu lassen. Gegen die Zusicherung, sich innerhalb einer gewissen Zeit an der ruandisch-kongolesischen Grenze zu melden, mit dem Toten selbstverständlich, wurden Bus und Fahrgäste schließlich durchgelassen. Das letzte Problem war der Grenzübergang auf kongolesischer Seite. Bis auf den Sohn mit seinem toten Vater überquerten alle problemlos die Grenze, erleichtert darüber, nach zwölf Stunden endlich am Ziel angekommen zu sein. Eintausend Dollar lautete die Anfangsforderung des Grenzstationsleiters an den Sohn, dann könne er auch gerne mit seinem Vater nach Hause fahren. Nach einigem Hin und Her einigte man sich auf einhundert Dollar, zahlbar sofort, und Übergabe der *carte électorale* des Verstorbenen, der als Ausweis dienenden Bescheinigung über die Eintragung ins Wählerverzeichnis, als Pfand, auslösbar durch Zahlung weiterer vierhundert Dollar. Die einhundert Dollar wurden bezahlt, die *carte électorale* ausgehändigt. Kurz vor Mitternacht, sechzehn Stunden nach Beginn der Reise, war der Sohn mit seinem toten Vater zu Hause. Die *carte électorale* liegt noch heute in einer Schublade im Büro des kongolesischen Stationsleiters.

Ruanda: ein Leuchtturm der Entwicklung in Afrika?

Es ist der 1. April 2019. Die Bundestagsfraktion von Bündnis 90 / Die Grünen hat zu einem Fachgespräch eingeladen. Thema sind der Völkermord in Ruanda und die Lehren, die daraus gezogen worden sind, auch in Deutschland. Zu dem letzten Aspekt soll ich eine kurze Einführung geben. Beginnen soll die Veranstaltung mit dem Vortrag einer Überlebenden des Völkermords, Esther Mujawayo, die heute als Traumatherapeutin in Deutschland arbeitet und mir von vielen gemeinsam bestrittenen Diskussionsveranstaltungen her gut bekannt ist. Um kurz vor fünfzehn Uhr signalisiert die stellvertretende Fraktionsvorsitzende von Bündnis 90 / Die Grünen, Agnieszka Brugger, dass sie pünktlich mit der Eröffnung des Fachgesprächs beginnen möchte. Der Platz links von ihr ist frei, Esther Mujawayo fehlt noch. Punkt fünfzehn Uhr, alle Vortragenden und Gäste haben Platz genommen und Agnieszka Brugger zeigt leichte Anzeichen einer Beunruhigung, öffnet sich die Tür zum Veranstaltungsraum, eine Afrikanerin mittleren Alters kommt herein und setzt sich wortlos neben Frau Brugger. Diese beginnt sogleich mit der Begrüßung der Anwesenden, erinnert an die Schrecken des ruandischen Völkermords und an die internationale Verpflichtung, das Versprechen des »Nie wieder« endlich einzulösen. Dann kommt sie auf ihre Sitznachbarin zu sprechen. In wenigen Sätzen skizziert sie deren Lebenslauf, betont ihre wichtige

Rolle als Zeitzeugin des ruandischen Völkermords und endet mit: »Ich heiße Sie herzlich Willkommen, Frau Mujawayo, und bitte Sie, von dem zu berichten, was Sie erlebt haben.« – »Ich bin nicht Esther Mujawayo«, erwidert diese daraufhin. Stille im Raum, Verblüffung in vielen Gesichtern. Genau in dem Augenblick, in dem die Anwesenden hätten anfangen können, sich Gedanken über die Peinlichkeit der Situation zu machen, tauchte die richtige Esther Mujawayo auf. Sie habe sich verspätet, bei der Eingangskontrolle habe es auch noch ein kleines Problem gegeben, jetzt aber sei sie da und freue sich, von ihrem Erlebten berichten zu können. Das tat sie dann auch. Sie sprach von ihrer Verfolgung als Tutsi in Ruanda, von den Ermordeten ihrer Familie, von dem Leid, das die Überlebenden nicht verlässt, und von der Hoffnung des Aufbruchs, die die nachfolgende Generation mit dem neuen Ruanda verknüpfte und die nicht enttäuscht worden sei.

Gegen die Wucht ihres Erzählens verblasste meine Darstellung internationaler, völkerrechtlicher Versuche, das Versinken von Staaten in völkermörderische Gewalt zu verhindern. Und das ist noch sehr zurückhaltend formuliert. Denn als ich ausführen wollte, warum eine Genozidprävention, die den Namen verdient und sich nicht in kurzsichtigem Aktionismus verliert, selbstverständlich auch die Vorgeschichte des Genozids berücksichtigen müsse, und die Behauptung wagte, die Führung des neuen Ruanda sei tief in der Entstehung einer genozidalen Stimmung verstrickt gewesen, stieß ich auf eine Mauer des abwehrenden Schweigens, unterbrochen von Zwischenrufen, die in heftiger Empörung eine gänzlich andere Sichtweise verrieten. Über das heutige Ruanda nichts Kritisches, lautete die unmissverständliche Botschaft, wobei Kritik hier nur als Akt der Herabwürdigung, als etwas Despektierliches verstanden wurde, vor allem in Anwesenheit von Überlebenden des Völkermords. Kritik am Land ist dann gleichbedeutend mit Kritik an individueller Leidensgeschichte, ein todsicheres Mittel, um jede Diskussion unmöglich zu machen. Die Zuhörer ergreifen Partei, sie sitzen gewissermaßen vor der Kulisse Hunderttausender Ermordeter.

Es war nicht das erste Mal, dass ich nach Vorträgen über Ruanda in eine solche Reaktion geraten bin. Das Bild muss schön sein, glänzend sogar. Wer Flecken darauf entdeckt, zerstört den Gesamteindruck und gilt als Leugner einer doch so evidenten Wahrheit. Was bei anderen Ereignissen vergleichbarer Bedeutung wissenschaftlicher Standard ist, nämlich die Analyse des Geschehenen von verschiedenen Blickwinkeln aus und mit immer neuen Fragestellungen, ist hier ein verdächtiges, ungehöriges Unternehmen. Eine Zeitzeugin bestimmt Inhalt und Grenzen einer Veranstaltung, die als »Fachgespräch« deklariert worden war. Ad-hoc-Experten unter den Zuhörern geben sich ganz der emotionalen Betroffenheit hin, kommen nicht im Entferntesten auf den Gedanken, dass Betroffenheit Wissen keinesfalls ersetzen kann. Sie kann es ergänzen oder ihm widersprechen, doch nicht apodiktisch die interpretatorische Hoheit beanspruchen, da sie subjektiv gefärbt ist und sich im Laufe der Zeit verändert. Das betrifft selbstredend nicht das individuell faktisch Erfahrene, sehr wohl aber schon das Berichten darüber und jeden Versuch, dies zum alleinigen Maßstab für alles andere zu machen, für das Denken von Millionen von Zeitgenossen, für das Handeln von Institutionen und für das auf innen- und außenpolitische Geschehnisse reagierende Verhalten von Regierungen.

Wie vergeblich gleichwohl Überlegungen dieser Art sind, ist mir Jahre vorher nun allerdings nicht in Entwicklungshelferkreisen in Ruanda, sondern in Deutschland demonstriert worden. Es war eine denkwürdige Begegnung. Sie ereignete sich im Juni 2007 auf einer mehrtägigen internationalen Konferenz in Nürnberg zum Thema »Frieden und Gerechtigkeit – Bausteine der Zukunft«, an der mehr als 300 Delegierte teilnahmen, Vertreter von Staaten und internationalen Organisationen, Wissenschaftler, Mitglieder von NGOs und Praktiker mit Erfahrungen aus Konfliktgebieten. Es war am zweiten Tag der Konferenz, als sich in meiner Nähe zufällig ein Gespräch entspann zwischen einer Mitarbeiterin der Gesellschaft für Technische Zusammenarbeit (GTZ) aus der Zentrale in Eschborn und einem deutschen Rechtsanwalt, der im Auftrag der GTZ mehrere Jahre beratend im Justizaufbau Ruandas tätig gewesen und danach noch mehrfach, ebenfalls für die GTZ, als Projektbegutachter nach Ruanda gereist war. Beide, Anwalt und GTZ-Mitarbeiterin, schienen sich gut zu kennen, sie waren offenbar schon des Öfteren über die Beschäftigung in und mit dem Land Ruanda in Kontakt gekommen. Der Ton des Gesprächs war locker, schnell wurde klar, dass in der positiven Bewertung des Justizaufbaus in Ruanda Einigkeit bestand. Details, die dieses Urteil hätten erklären können, kamen nicht zur Sprache, wie auch das Gespräch von einer Stimmung getragen wurde, der Zweifel fremd waren. GTZ-Mitarbeiterin und Anwalt sahen sich, so mein Eindruck, als Teil eines doppelt sinnstiftenden Projekts. Es schuf Rechtssicherheit für die Ruander und es verlieh denjenigen, die mit dem Schaffensvorgang befasst waren, ein Maß an Selbstgewissheit, wie es bekanntlich zu beobachten ist bei Menschen, die sich auf der Seite des Guten wähnen. »Bausteine der Zukunft« zu modellieren, ist ein erhabenes Gefühl, und wenn das Gefühl, wie auf der Konferenz geschehen, von vielen durch ihre bloße Anwesenheit bestätigt wird, umso mehr. Eigentlich undenkbar, in diese Stimmung hinein eine Bemerkung zu machen, die als unpassend, ja hässlich empfunden werden könnte. Und doch passierte mir genau das, nicht in destruktiver Absicht, eher in der Annahme, etwas Naheliegendes und ohnehin Bekanntes zu Bedenken zu geben. Sinngemäß sagte ich, dass die ruandische Politik seit 1994 einem erkennbaren Vorverständnis folge und sich darum einem Beobachter dieser Politik der Eindruck aufzwinge, Entwicklungshilfe diene auf ruandischer Seite auch der wohlklingenden Verschleierung einer zynischen Machtpolitik. Die Beschwörung angeblich gemeinsamer Werte in der hochgelobten Entwicklungspartnerschaft, Werte wie Rechtsstaatlichkeit oder Menschenrechte, würde sich auch als Ablenkung missbrauchen lassen. Wo innerhalb von 24 Stunden der Gebrauch von Plastiktüten verboten werden könne, könne auch Polizeiwillkür unterbunden werden und dürfe es, wenn man die Bekenntnisse aus dem Mund ruandischer Politiker ernst nehme, keine Menschen geben, die verschwänden. Da sei, so endete ich mehr im Ton eines Appells denn eines Vorwurfs, auch die Entwicklungshilfe gefragt.

Die Reaktion auf meinen Einwand, der sich in erster Linie an die GTZ-Mitarbeiterin gerichtet hatte, war ein sofortiges eisiges Schweigen. Kein Protest, keine Zustimmung mit darauf folgender Beteuerung, dass natürlich dem eigenen Grundverständnis gemäß auf die Respektierung fundamentaler Rechte durch den Kooperationspartner Ruanda gedrängt werde. Nichts dergleichen wurde gesagt. Es war, als ob von mir eine erschreckende Ungeheuerlichkeit geäußert worden sei, die in einem an Schärfe nicht zu überbietenden Kontrast zum Selbstbild der GTZ als Co-Architektin des Weltfriedens stand. Ich war enttäuscht, wenn auch nur mäßig überrascht, da ich vorher schon mehrmals den teils fragwürdigen, teils mühsamen und irgendwann eigentlich unmöglichen Spagat zwischen entwicklungspolitischem Anspruch und ernüchternder Realität vor Ort kennengelernt hatte. Offensichtlich gibt es, so meine Schlussfolgerung, eine Form des Umgangs mit Unrecht, die sich geschäftsmäßig betreiben und qua nach außen demonstrierter Intention sublimieren lässt. Sie bedient sich dazu einer groben, schematischen Sichtweise auf den (vergangenen) Konflikt, in der den Opfern und ihrer politischen Vertretung alle Qualitäten zugeschrieben werden, die künftig für die Erlangung von Frieden und Gerechtigkeit notwendig sind. Diese Sichtweise ist langlebig, denn sie gründet vornehmlich auf emotionalen Investitionen und materiellen Interessen, die die Grenzen moralischer Kompromissfähigkeit immer weiter hinausschieben. Außerdem ist sie umwölkt von allerlei Empfehlungen und Resolutionen, allgemein genug formuliert, um jeden Vorwurf zu vermeiden, und mit genügend positiv konnotierten Begriffen versehen, um perspektivisch sinnstiftend zu wirken.

Zugegeben: Der GTZ und anderen Entwicklungshilfe leistenden NGOs ist zugutezuhalten, dass der äußere Schein in Ruanda nicht nur ein blendender war, sondern dass sich hinter ihm tatsächlich Beeindruckendes verbarg. Die ruandische Wirtschaft wuchs, das Land wurde modernisiert, die Korruption bekämpft, internationale Geldgeber waren ausnahmslos zufrieden. Sogar eine Art Fangemeinde schien sich konstituiert zu haben, bestehend aus Menschen, die, enttäuscht von der jahrzehntelangen Fehlentwicklung in Subsahara-Afrika, in Ruanda endlich den Beweis dafür erbracht sahen, dass sich Afrika doch entwickeln kann, vorausgesetzt, es gebe ernsthaft bemühte, selbstlose und gleichzeitig kompetente Politiker, Politiker wie Paul Kagame eben, seit 2003 gewählter Staatspräsident Ruandas. Ein »Hoffnungsträger« sei er, so Rupert Neudeck, ein Visionär, der »Ruandas Wiedergeburt geträumt hat« und der seine Visionen »tatkräftig, als sei er der CEO Ruandas, umsetze«, so andere Stimmen von Gewicht. Gefestigt wird dieser Eindruck noch durch die gänzliche Abwesenheit von Skandalen, die nur zu viele afrikanische Staatsführungen kennzeichnen und wie aus der Zeit gefallen zu sein scheinen. Keine exzentrischen Einkaufstouren in europäischen Edelboutiquen, keine feudalen Privilegien oder hochdotierte Versorgungsposten für Freunde und Familienangehörige. Statt Habgier und Korrumpierbarkeit Bescheidenheit und, bedingt durch Körpergröße und schlanke Gestalt, ein Hauch von Askese, die von Hingabe an das Ziel, den Neuaufbau Ruandas, kündete. Wenn Kagame von »Hilfe zur Selbsthilfe«, von »Nachhaltigkeit« oder von »Partnerschaft auf Augenhöhe« sprach, klang das ernsthaft und nicht als taktische Reverenz an die Geldgeber. In einem Interview, das mit »Der ewigen Opferrolle entkommen« betitelt war, erklärte er 2009: »Wir suchen Investoren, die Partner sind, mit denen wir eine Win-Win-Situation erzielen. (...) Wenn in Schlüsselbranchen investiert wird, um Ruanda voranzubringen, sorgt das für eine solche Win-Win-Situation. Wenn man hingegen immer nur in der Position des Nehmenden ist, kann man weder etwas zurückgeben noch etwas für sich erreichen. Wenn wir also von Investitionen statt Almosen sprechen, geht es um eine grundlegende Haltung des Westens gegenüber Afrika, die auf Partnerschaft basiert, nicht auf Mitleid.«

Wirtschaftliches Wachstum ist Fachleuten zufolge dort am größten, wo Regierungsführung und Wirtschaftspolitik vernünftig, sprich: am Gemeinwohl der Bevölkerung eines Landes orientiert sind. Das war augenscheinlich in Ruanda der Fall. Nicht als Akt von Wille und Vorstellung, der sich in personenbezogenen, beinahe hagiographischen Charakterisierungen oder in überschwänglichem Lob äußerte, sondern konkret am Maßstab der »Paris-Deklaration über die Wirksamkeit von Entwicklungszusammenarbeit« (*Paris Declaration on Aid Effectiveness*) gemessen, in die 2005 die Summe aller entwicklungspolitischen Debatten eingegangen war. Leitendes Prinzip der Entwicklungshilfe sollte nach der Deklaration in Zukunft die »Eigenverantwortung« (*ownership*) der Empfängerländer sein, gefolgt von der »Partnerausrichtung« (*alignment*) der Geberländer auf die nationalen Entwicklungsstrategien und Institutionen der Empfängerländer sowie der »Harmonisierung« (*harmonisation*) der verschiedenen Geberaktivitäten zur Vermeidung sich überschneidender Hilfen. Ein *monitoring survey* genannter Überprüfungsmechanismus sollte in Abständen die Beachtung der Kriterien überprüfen. Mit Ruanda befasste er sich 2010 und kam, illustriert an einem guten Dutzend Indikatoren, zu dem Ergebnis: »Ruanda hat bisher an allen Überprüfungsverfahren teilgenommen; seit 2005 hat es große Fortschritte zur Erreichung der für 2010 festgelegten Ziele der Paris-Deklaration gemacht.« Also: Entwicklungshilfe lohnte sich in und für Ruanda. Ruanda kollaboriert, die Geberländer ebenfalls, und die Entwicklungshilfe zeitigt die erhofften Resultate. Partnerschaft auf Augenhöhe, wie es sich Kagame vorgestellt hatte. Von Vorteil war dabei gewiss die geringe Größe Ruandas. Von Nord nach Süd nur zirka 230 und von West nach Ost nur gut 300 Kilometer messend, dazu mit einer immer weiter verbesserten Infrastruktur versehen, bot es für ein Land gute Voraussetzungen, um die Maßnahmen energisch anzugehen. So konnte auch das Verbot der Herstellung und Nutzung von Verpackungs- und Transportmaterialien aus Polyethylen (Folien, Plastiktüten und Plastiktatschen), als es Anfang 2005 aus Umweltschutzgründen erlassen wurde, in kürzester Zeit und nachprüfbar durchgesetzt werden.

Zwischen 2001 und 2015 betrug das Wirtschaftswachstum jährlich etwa acht Prozent. Nach einem Einbruch 2017 infolge einer Dürreperiode liegt es heute wieder im Umfeld der früheren Marke. Die Inflation liegt derzeit bei deutlich unter fünf Prozent. Die *Vision 2020*, die die Grundlinien der Entwicklung Ruandas bis zum Jahr 2020 vorgab, hatte als kurzfristiges Ziel die Stärkung der einheimischen Wirtschaft und Erhöhung der Exporte, beides begleitet von der Schaffung eines investitionsfreundlichen Klimas, verfolgt. Mittelfristig sollte zudem der verstärkte Aufbau des Dienstleistungssektors in den Vordergrund rücken, der große mehrsprachige Bevölkerungsanteil und die günstige geographische Lage an der Nahtstelle zwischen Zentral- und Ostafrika, zwischen der anglophonen und der frankophonen Welt, nutzbar gemacht werden für die Herstellung einer attraktiven Infrastruktur. Und langfristig wurde die Herausbildung eines ruandischen Unternehmertums angestrebt, das, beflügelt von der Möglichkeit ungehinderter Profitmaximierung, Wohlstand, Arbeitsplätze und Innovationsfähigkeit sichern sollte. Nach der *Vision 2020* war vorgesehen, dass Ruanda bis zum Jahr 2020 in die Gruppe der Länder mit mittlerem Einkommen aufsteigt (in denen – Stand 2018 – das Bruttonationaleinkommen jährlich mindestens 1006 US-Dollar pro Person beträgt). Die seit 2016 in der Diskussion befindliche *Vision 2050* strebt gar an, bis 2035 aus Ruanda ein Land mit mittlerem Einkommen im oberen Bereich zu machen (das Bruttonationaleinkommen je Einwohner beliefe sich dann – Stand 2018 – auf mindestens 3956 US-Dollar jährlich), bis 2050 soll der Anschluss an die Gruppe der Länder mit hohem Einkommen erreicht sein (mindestens 12.056 US-Dollar).

Im Juni 2019 legte Ruanda erstmals eine freiwillige Eigenbeurteilung darüber vor, wie es im Land um die Nachhaltigkeitsziele der Vereinten Nationen steht, die 2030 überall auf der Welt erreicht sein sollen. Im Bericht wird als Gesamtergebnis herausgestellt, dass wichtige Schritte zur Erreichung aller 2030-Ziele unternommen worden seien und Ruanda auf gutem Wege in Richtung *Vision 2050* sei. Die Armut werde weiterhin erfolgreich bekämpft, eine steigende Nahrungsmittelsicherheit (in 81,3 Prozent aller Haushalte) sorge für einen deutlichen Rückgang des Hungers, 83,3 Prozent aller Ruander seien mittlerweile krankenversichert, Geschlechtergerechtigkeit werde mit wachsendem Erfolg hergestellt (61 Prozent der Parlamentsabgeordneten seien weiblich), Maßnahmen zur Bekämpfung des Klimawandels und seiner Folgen sowie der Umweltzerstörung seien mit steigender Intensität getroffen, mehr als hunderttausend »grüne Arbeitsplätze« (*green jobs*) geschaffen worden.

Ruanda und die Ruander sind stolz auf das Erreichte. Es gilt als Ausweis eines originär ruandischen Ansatzes der Entwicklung, als Inbegriff einer gelingenden *ownership*. Der Rückgriff auf traditionelle Einrichtungen wie *Imihigo*, Leistungsversprechen von Distriktverantwortlichen gegenüber dem Staatspräsidenten, oder *Abunzi*, Mediatoren für die Streitschlichtung und die Vertiefung des innergesellschaftlichen Zusammenhalts, ist darauf angelegt, einen möglichst breiten Konsens in der Gesellschaft und einen Leistungswillen, der dem Nationalstolz verpflichtet ist, herzustellen. Das *Rwanda Governance Board* wacht über die gute und vor allem effektive Regierungsführung, das *Rwanda Development Board* arbeitet an der Attraktivität Ruandas für ausländische Investitionen und die *Rwanda Revenue Authority* versucht, für das Zahlen von Steuern als patriotische Aufgabe zu werben. »Wer Steuern zahlt, baut seine Nation auf«, lautete über Jahre die Botschaft auf großen Tafeln am Straßenrand. Wie und mit welchem Ergebnis sie aufgebaut wird, wird anhand diverser Faktoren regelmäßig gemessen und in sogenannten *Scorecards* veröffentlicht. Zuletzt, im Oktober 2019, kam die Regierungsleistung in Fragen der nationalen und individuell erlebten Sicherheit dem Ideal von hundert Prozent schon sehr nahe: 94 Prozent lautete das Ergebnis. An zweiter Stelle mit 85 Prozent kamen die Leistungen des Staates im Bereich der politischen Rechte und bürgerlichen Freiheiten, gefolgt von einem Leistungsniveau in Sachen Rechtsstaatlichkeit, das 84 Prozent erreichte. Interessierten Besuchergruppen aus anderen afrikanischen Ländern werden diese

Ergebnisse und deren Hintergründe, die sich durch das Bekenntnis zu *home grown solutions* erklären, von der *Rwanda Coorporation Initiative* präsentiert. Dazu passt, dass das Investitionsklima ausgesprochen günstig ist. Im letzten *Doing-business*-Ranking der Weltbank (2019) schnitt Ruanda nach Mauritius als zweitbestes afrikanisches Land ab und belegte Rang 29 von 190 berücksichtigten Staaten.

Ruanda gehört auch zu den ausgewählten Staaten, die am »Compact with Africa«, eine 2017 auf deutsche Initiative von den G20-Staaten ins Leben gerufene Partnerschaft, teilnehmen. Deren Hauptziel ist es, Investitionen in Afrika zu fördern und dadurch zugleich die »Compact«-Bündnispartner zu einem verlässlichen Verwaltungshandeln und transparenter Finanzpolitik anzuhalten. Seit Mitte 2018 hat Volkswagen in der *Kigali Special Economic Zone* begonnen, Autos endzumontieren, ein *German Business Desk* soll gezielt entwicklungspolitische Maßnahmen steuern sowie finanzieren helfen, und Aufgabe des im Mai 2019 eröffneten Digitalzentrums ist es, die Hauptstadt zu einem Dienstleistungszentrum für Informations- und Kommunikationstechnologien in Afrika auszubauen. Dafür und für andere Maßnahmen, die der nachhaltigen Wirtschaftsentwicklung Ruandas dienen sollen, hat Deutschland zwischen 2017 und 2019 130 Millionen Euro ausgegeben. Gut ein Drittel der Summe floss in einen Bereich, ohne dessen Existenz die fortlaufende Verbesserung und Nachhaltigkeit der Wirtschaftsentwicklung eine Chimäre bleiben und der darum »gute Regierungsführung« genannt wird. Denken wir an die Zahlen zu Freiheitsrechten und Rechtsstaatlichkeit auf der letzten *Scorecard*, hat sich die Investition allem Anschein nach gelohnt.

Und dennoch: Trotz aller Fortschritte und Erfolgsmeldungen stimmte nach meinem Eindruck etwas nicht in Ruanda. Das klingt vermessen, vielleicht sogar lächerlich, ich weiß. Welche Aussagekraft hat schon ein individueller Eindruck gegen das Erscheinungsbild eines Staates, das die Gebergemeinschaft nicht müde wird zu loben. Und das ich sogar selbst gelegentlich als überaus angenehm empfinde, gerade wenn ich die kongolesisch-ruandische Grenze überquere und aus Chaos und Willkür in eine Welt der Ordnung gerate, sauber, ohne kratergroße Schlaglöcher in den Straßen und ohne Polizisten, für die Verkehrsteilnehmer nichts als Beute sind. Trotzdem, regelmäßig stellt sich ein Unbehagen bei mir ein und es verstärkt sich nach einiger Zeit von Tag zu Tag, bis ich mit einem Gefühl der Erleichterung am Flughafen von Kigali stehe und das Land verlassen kann.

Suche ich nach Gründen für dieses Gefühl, denke ich zunächst an das Klima der Einschüchterung, ja der Angst. Es ist die Kehrseite der Erfolgsgeschichte mit ihren vielen gutgelaunten, zukunftsoptimistischen Menschen. Der Impuls ist verständlich, den Aufstieg aus den Tiefen menschlicher und gesellschaftlicher Zerstörung in hellen, begeisternden Farben zu zeichnen. Das findet Anklang bei einem Publikum, das erbauliche Botschaften liebt und ein ausgesprochenes Faible für unkomplizierte Geschichten hat, die Orientierung in unübersichtlichen Zeiten bieten. Problematisch wird es dann, wenn Autor oder Autorin in den Bann des eigenen Vorverständnisses geraten, wenn sie darum nur das sehen, was sie sehen möchten, und diesen Ausschnitt für das Ganze nehmen. Der Untersuchungsgegenstand entfaltet sich, strahlt immer heller den thematischen

Raum aus, der doch nur einer ist in einem Haus mit vielen Räumen, die ganz oder teilweise im Dunkeln bleiben. Nach einem äußerst kursorischen Rückblick auf die ruandische Geschichte eine junge Frau sagen zu lassen »Wir sind die Post-Genozid-Generation. Wir lassen uns von der Vergangenheit nicht lähmen« (Achermann, S. 46) und diese Aussage als zentralen Ausweis für das »Frauenwunderland« Ruanda zu präsentieren, zeugt bestenfalls vom dem Wunsch nach authentischer Zeugenschaft, ist aber eigentlich nichts anders als eine üble Falschinformation. Das selbstbewusste »Wir sind die Post-Genozid-Generation« trifft allenfalls auf einen kleinen Teil der Frauen in der Hauptstadt und wenigen anderen größeren Städten zu. Die anderen leben am falschen Ort, sind arm und gehören vor allem der falschen Bevölkerungsgruppe an, nämlich der Gruppe der Hutu, was es ihnen schwer macht, an sichere oder besser bezahlte Jobs oder Stipendien im Ausland zu kommen. Und die forsche Behauptung, sich durch die Vergangenheit nicht lähmen zu lassen, gilt ebenfalls nur für die Gruppe Frauen, die bereitwillig der offiziellen Politik folgt. Staatspräsident Kagame ist ihr Idol (»Wir haben ihm viel zu verdanken. Er hat Frauen stets gefördert.«, Achermann, S. 72), seine Entscheidungen – die die Entscheidungen aller Staatsorgane vorgeben – werden blind akzeptiert.

Als die Oppositionspolitikerin und Frauenrechtlerin Diane Rwigara 2017 gegen Kagame für das Amt des Staatspräsidenten kandidieren wollte, erschienen kurz nach Bekanntgabe ihrer Absicht Nacktfotos von ihr im Netz. Von den weiblichen Abgeordneten im Parlament oder den vielen anderen Frauengruppe in Ruanda war kein Wort des Protests zu hören. Als kurze Zeit später

Diane Rwigara zusammen mit ihrer Schwester und ihrer Mutter unter dem Vorwurf staatsfeindlicher Aktivitäten, der Steuerhinterziehung, Urkundenfälschung und Vermögensverschiebung verhaftet und ihr Vermögen beschlagnahmt wurde, gab es erneut keinen Aufschrei seitens der angeblich so starken Frauen in Parlament und Zivilgesellschaft. Die Schwester wurde bald wieder aus der Haft entlassen. Diane Rwigara und ihre Mutter erst nach gut einem Jahr, überraschenderweise – die Staatsanwaltschaft hatte für beide eine Freiheitsstrafe von 22 Jahren gefordert – und dem Vernehmen nach im Austausch für die Zustimmung einflussreicher frankophoner Staaten, allen voran Frankreich und Kanada, zur danach erwartbar erfolgreichen Kandidatur der ehemaligen ruandischen Außenministerin Louise Mushikiwabo für das Amt der Generalsekretärin der internationalen Organisation für Frankophonie. Wieder blieben die Frauen Ruandas stumm. Es war allein die freigelassene Diane Rwigara, die, ihre Popularität unter internationaler Aufmerksamkeit nutzend, auf die vielen Frauen und Männer hinwies, die in Ruanda verschwunden seien, ohne das »Glück« einer Popularität zu haben, die ihren Fall zum Gegenstand einer Kampagne machte.

Gerne wird in solchen Zusammenhängen behauptet, nicht überall seien Demokratie und demokratische Werte die richtige Lösung. Sie schaffe nicht unbedingt Chancengleichheit, schon gar nicht für Frauen. Als fachlich gewichtige Stimme wird dann in der Regel der renommierte Ökonom Paul Collier zitiert, wonach »[i]n Gesellschaften mit niedrigen Einkommen Demokratie gefährlich [ist]«. Denn in diesen Gesellschaften sei die Neigung ausgeprägt, über Wahlentscheidungen an die Macht zu kommen, denn Macht bedeute zugleich

Zugang zu Geld und damit Reichtum für die Machtinhaber. Das wiederum führe gleichzeitig und unweigerlich dazu, dass das formal demokratische politische System unter den zunehmenden Einfluss partikularer Interessen gerät. Die staatliche Ordnung wird instabil, der Staat zur Beute und die Demokratie hat sich als ihr eigener Totengräber erwiesen. Laut Collier seien in armen Gesellschaften deshalb autokratische Regime eher in der Lage, wirtschaftliches Wachstum zu generieren. Eine harte Hand also, so ist zu folgern, verhindert ein Absinken des Staates auf das Beuteniveau pseudopolitischer, geldgieriger Cliquen. Nur dann, so wiederum Collier, sei Autokratie nicht die richtige Lösung, wenn die materiell arme Gesellschaft ethnisch gespalten ist. Jede Ethnie würde versuchen, ihre Basis zu stärken und die eigene Klientel zu bedienen. Das aber würde eine wirtschaftliche Entwicklung hin zu mehr Wohlstand für alle unmöglich machen – eine Gefahr, die Collier in Ruanda nicht sieht. Seit mehreren Jahren betreibt dort das *International Growth Centre*, dessen Direktor Paul Collier ist, ein Büro zur nationalen Wirtschaftsberatung. Dabei kooperiert es eng mit dem *Institute for Global Change* des ehemaligen britischen Premierministers Tony Blair, der seinerseits über gut zehn Jahre hinweg für das symbolische Gehalt von einem Dollar jährlich als Berater von Staatspräsident Paul Kagame tätig war.

 Haben Blair und Collier recht? Und mit ihnen die vielen anderen, die im Ergebnis ähnlich argumentieren? Sie sind nicht nur im publizistisch-journalistischen Bereich anzutreffen, sondern auch in Wissenschaft, Politik und Verwaltung, so insbesondere im Bundesministerium für wirtschaftliche Zusammenarbeit und Entwicklung (BMZ) und in den Landesregierungen von

Rheinland-Pfalz, welches seit mehr als 35 Jahren eine Partnerschaft mit Ruanda hat. Auf die Höhe bundesdeutscher Zahlungen und das vielfältige bundesdeutsche Engagement in und mit Ruanda habe ich bereits hingewiesen. Einen genaueren Blick lohnen auch die rheinland-pfälzischen Aktivitäten. So hat die rheinlandpfälzische Landesregierung 2007 Paul Kagame den Verdienstorden des Landes Rheinland-Pfalz verliehen, die höchste Auszeichnung des Landes bei außerordentlichen Verdiensten für die Allgemeinheit. Zehn Jahre später, nachdem Kagame zum dritten Mal in Folge zum Staatpräsidenten gewählt worden war (der kontinuierlich steigende Wählerzuspruch betrug da 98,6 Prozent), konzedierte eine Vertreterin des Landesministeriums des Inneren und für Sport zwar die Entwicklung Ruandas als mit dem westlich-europäischen Verständnis von Demokratie und Rechtsstaatlichkeit »sicherlich nicht immer kongruent«, band diese vorsichtig-zurückhaltende Kritik jedoch ein in einen ganzen Strauß aus Erfolgsmeldungen in den Gebieten Sicherheit, Stabilität und wirtschaftlicher Fortschritt (*Ruanda Revue* 2017, S. 68). – Haben auch diese Stimmen, die sich selbstverständlich als konstruktiv verstehen, recht?

Die Antwort ergibt sich aus zwei Teilantworten. Die erste bezieht sich auf die Glaubhaftigkeit der offiziellen Angaben zur ruandischen Entwicklung. Wie verlässlich und nachhaltig sind Zahlen und Erfolge? Die zweite folgt aus der Bewertung von Fortschritt und Unrecht. Handelt es sich bei den Unrechtsakten um Einzelfälle oder gehören sie zur Struktur der politischen Herrschaft in Ruanda?

Zur Aussagekraft von Statistiken ist schon viel gesagt worden. Wer kennt nicht Churchills pointierte Meinung dazu oder die schon reichlich abgedroschene Redensart »Es gibt drei Arten von Lügen: Lügen, dreckige Lügen und Statistiken.« Nicht so harsch im Urteil, aber doch klar in der Äußerung des Verdachts war die *Financial Times* in ihrer Ausgabe vom 13. August 2019. Unter einer Überschrift, die Daten zur Armutsbekämpfung in engste Beziehung zu Kagames Erwartungen stellt (»*Rwanda: where even poverty data must toe Kagame's line*«), werfen die beiden Autoren die Frage auf, ob offizielle Daten in einem Bereich, der als Ausweis gelingender staatlicher Entwicklungspolitik in Ruanda gilt, manipuliert sein können. Durch Vergleiche und eigene Berechnungen kommen sie zu dem Ergebnis, dass die Armut nicht nur nicht in dem behaupteten Ausmaß bekämpft worden, sondern ganz im Gegenteil noch gestiegen sei. Eine Gruppe von Weltbankmitarbeitern, die sich selbst als *Professionels for Truth in Aid* bezeichneten, als wahrheitsliebende Entwicklungsexperten also, hätten diverse Abteilungen ihres Arbeitgebers auf diese Fehlentwicklung hingewiesen, doch keine Antwort erhalten. Die Autoren des Artikels vermuten, die im Vergleich zu 2017 mehr als doppelt so hohen Zahlungen der Weltbank an Ruanda im Jahr 2018 (545 Millionen US-Dollar) machten Kritik unerwünscht. Einflussreiche Staaten hinter der Weltbank wollten, dass das »ruandische Experiment« gelinge, ein Argument, das angesichts der Höhe internationaler Entwicklungshilfe für Ruanda (2017 betrug sie 1,23 Milliarden US-Dollar, das heißt 102 US-Dollar für jede Ruanderin und jeden Ruander) nicht aus der Luft gegriffen scheint.

Mit ihrer Vermutung und ihrer Kritik stehen sie im Übrigen nicht allein. In einer 2019 erschienenen Studie wird den ruandischen Behörden eine ausgeprägte

Fälschungsenergie bescheinigt. Die Angaben zur Entwicklung, namentlich zur Armutsbekämpfung, seien durchweg falsch, das Nationale Institut für Statistik Ruandas (*National Institute of Statistics of Rwanda*) leiste eine widersprüchliche, offenkundig interessengeleitete Arbeit. Der Eindruck sei übermächtig, dass statistische Angaben kontinuierlich geschönt worden seien. Auch die Weltbank könne sich diesem Eindruck eigentlich nicht entziehen.

Die Weltbank reagierte, es reagierte das nationale Statistikinstitut Ruandas und es reagierte auch die ruandische Staatsführung, allen voran Präsident Paul Kagame. Gemeinsam war den Reaktionen, dass sie die Kritik zurückwiesen. Offensiv-pauschal durch Kagame (»western propaganda«), nuanciert wissenschaftlich durch Regierungsbeamte und Weltbankmitarbeiter. Zahlen, Tabellen und diverse Berechnungsmethoden wurden einander gegenübergestellt, grundlegende Annahmen in Frage gestellt oder als schon im Ansatz falsch deklariert. Unmöglich für einen Nichtfachmann (und wahrscheinlich auch für einen unvoreingenommenen Fachmann), sich ein klares Bild zu verschaffen. Es war wie so häufig, wenn es um Ruanda geht. Unterschiedliche Auffassungen werden zu einem Streit, der schnell ins Grundsätzliche abdriftet und eine hohe moralische Aufladung hat, denn schließlich ist er geprägt von der jeweiligen Haltung zum Aufbau des neuen Ruanda nach dem Völkermord. Uneingeschränkte, oft enthusiastische Zustimmung oder scharfe, oft verteufelnde Kritik, und dazwischen die Meinungen der *Instant*-Experts, für die eine kurze Beschäftigung mit dem Land zur Bildung eines abschließenden Urteils ausreicht, das sie dann medial kundtun.

Halten wir uns an das, was jenseits von Zahlenkriegen sichtbar ist. Da ist die beeindruckende Entwicklung in Ruanda. Die Verbesserung der Infrastruktur (wobei siebzig Prozent der Straßen von China finanziert und gebaut werden, das gleiche gilt für fast alle öffentlichen Gebäude), die Verbesserung der medizinischen Versorgung, des Bildungssystems. Eine Reform der Wirtschaftssektoren wurde angegangen, im Dienstleistungssektor erkennbar vor allem an der 2019 fertiggestellten *Kigali Arena,* Ostafrikas größter Veranstaltungshalle mit Platz für 10.000 Zuschauer, und an dem drei Jahre vorher eingeweihten *Kigali Convention Centre,* einem Veranstaltungskomplex, Stolz und Blickfang der Hauptstadt, dessen riesige Kuppel nachts in vielen Farben schillert und in dem im engen Rhythmus Ausstellungen und Konferenzen stattfinden, die Ruandas Ruf als Ort von Dienstleistungen und Wissenstransfer in die ganze Welt tragen sollen. Da ist aber auch die Armut in den Randbezirken der Hauptstadt und allgemein auf dem Land. Der Unterschied zur Glitzerwelt Kigalis ist riesig, selbst wenn in Rechnung gestellt wird, dass sich die Lebensbedingungen in Ruanda allgemein verbessert haben und die Armutsgrenze auch in Relation zum gestiegenen Bruttoinlandsprodukt zu sehen ist, längst also nicht mehr für dauerhafte Entbehrung und Hungerbäuche steht. Doch die Zahlen sind gleichwohl erschreckend. Kämpft man sich durch den Zahlenwust des ruandischen Statistikinstituts, stößt man auf eine fast stagnierende Armutssituation. 38 Prozent der Menschen im Land galten 2019 als arm, nach dem Berechnungsmix des Instituts hieß das, ein Erwachsener verfügte über nicht mehr als umgerechnet 171 US-Dollar im Jahr (2013/14: 39 Prozent). Der Anteil extrem armer Menschen (weniger als 113 US-Dollar) blieb mit über sechzehn Prozent unverändert (2013/2014: sechzehn Prozent). Zu einem ähnlich düsteren Bild kommt der Bertelsmann Transformationsindex. Nach den letzten Erhebungen sei 81,5 Prozent der Bevölkerung arm und verfüge über weniger als 3,20 US-Dollar pro Tag (gemessen an den Preisen im Jahr 2011).

In welchem Spannungsverhältnis diese Zahlen zu den offiziellen Bemühungen stehen, inklusives Wachstum zu erzeugen, zeigt der sogenannte Gini-Index, der den Grad der Gleichheit (oder, je nach Ergebnis, Ungleichheit) der Einkommensverteilung in einem Land angibt (100 = absolut ungleich, 0 = absolut gleich). Nach dem Bertelsmann Transformationsindex betrug er 2018 50,4, womit die Ungleichheit in Ruanda höher als in allen anderen ostafrikanischen Ländern war (andere Quellen verzeichneten einen leicht besseren Wert, bei jedoch gleichbleibendem Verhältnis zu den Nachbarstaaten). Ein regelmäßig hohes Wirtschaftswachstum und ein nach wie vor sehr hohes Bevölkerungswachstum (2018: 2,4 Prozent und damit doppelt so hoch wie der weltweite Median-Wert) stehen, was Armutsbekämpfung und Einkommensverteilung betrifft, augenscheinlich in einem Spannungsverhältnis. Klarer ausgedrückt: Mehr Menschen haben mehr primäre Bedürfnisse nach Nahrung, Kleidung und Wohnung, zugleich gerät die Einkommensverteilung unter Druck, da das Risiko wachsender Ungerechtigkeit steigt.

Hinzu kommt, dass das Bildungs- und Ausbildungssystem in eine bedenkliche Schieflage geraten ist, mit täglich spürbaren Folgen für viele Ruander. Der Besuch weiterführender Schulen und dann ein Studium, das war der empfohlene Werdegang. Das neue Ruanda brauche

Ingenieure, IT-Fachleute, Ärzte und Juristen, ohne eine sehr gut ausgebildete junge Generation könne das Ziel einer Gesellschaft, die sich mangels Alternativen größtenteils durch Dienstleistungen finanziere, nicht erreicht werden. Also machten junge Leute in möglichst großer Zahl höhere Schulabschlüsse und studierten. Eine handwerkliche Tätigkeit auszuüben, geriet beinahe in Verruf. Nur sehr vereinzelt wurden handwerkliche Ausbildungsgänge angeboten. War wirkliches handwerkliches Können gefragt, griff man direkt auf ausländische Arbeiter zurück oder machte aus dem Projekt eine Maßnahme der Entwicklungshilfe mit einer ruandischen Beteiligung in Form von Hilfskräften. Es kam dann, wie es aus heutiger Sicht kommen musste. Die Hochschulabsolventen fanden in immer größerer Zahl keinen Arbeitsplatz, entweder, weil es nicht genügend Arbeitsplätze gab, oder, weil die erworbenen Kenntnisse nicht ausreichten. Die anderen Schulabsolventen fanden sich oft auf der Straße wieder, da nicht in der Lage, qualifizierte handwerkliche Arbeiten zu verrichten. Eine Sprachpolitik, die bizarr anmutet (2006 wurde, übergangslos, die Unterrichtssprache Französisch durch Englisch ersetzt, 2009 wurde Ruanda gar Mitglied des Commonwealth), und das schnelle Geld, das bei NGOs zu verdienen war, taten ein Übriges, um Bildungsstand und berufliche Fertigkeiten auf einem niedrigen Niveau zu halten. Offiziellen Angaben zufolge beträgt die Arbeitslosigkeit heute sechzehn Prozent, was eine äußerst fragwürdige Angabe ist. Zum einen werden die mindestens vierzig Prozent sogenannter »*foodstuff producers*«, also Personen, die Nahrungsmittel produzieren, auch zu den Berufstätigen gezählt (was im Klartext bedeutet, dass auch Personen, die ihren Kleingarten bewirtschaften oder ein paar Ziegen ihr Eigen nennen, als berufstätig gelten), zum andern stellt sich die gesellschaftliche Realität anders dar. Es ist nahezu unmöglich, nicht tagtäglich auf junge Menschen zu stoßen, die Arbeit suchen oder die, obwohl universitär ausgebildet, als Taxifahrer, Kellner oder Hotelangestellte arbeiten. Wie viele das Land verlassen, um anderswo und möglichst in Europa oder Nordamerika ein besseres Leben zu haben, ist nicht bekannt. Armutsmigration ist ein Tabu. Was man jedoch weiß, ist, dass sich viele junge Männer als Burunder oder Kongolesen ausgeben, um leichter an ein Ausweispapier zu kommen und den Grenzübergang als Sprung in die Migration zu nutzen.

»Wir denken groß« ist ein Ausspruch, der von Staatspräsident Kagame schon des Öfteren zu hören war. Er versteht sich als erster Antreiber des Projekts Ruanda und die Ziele, die er verfolgt, sind in der Tat weltweit ohne Vorbild, doch mit den ruandischen Gegebenheiten schlicht nicht in Deckung zu bringen. Um zum Beispiel die in der *Vision 2050* anvisierten Einkommenszuwächse zu erreichen, ist ein jährliches Wirtschaftswachstum von mindestens zehn Prozent erforderlich, mehr als überhaupt in den letzten Jahren jährlich erwirtschaftet worden ist. 2018 belief es sich auf 8,6 Prozent und war das höchste auf dem afrikanischen Kontinent, 2020 und danach soll es nach Schätzungen der Weltbank zwischen 7,5 und acht Prozent betragen, deutlich weniger als das für die *Vision 2050* unabdingbare Minimum von zehn Prozent.

Das »Groß Denken« à la Kagame und – nehmen wir das Wirtschaftswachstum für den Grundlagenindikator – die tatsächlichen Möglichkeiten widersprechen sich also, und auch zwischen diesen und den gesellschaftlichen

Realitäten hinsichtlich Armut, Arbeitslosigkeit und Bildung besteht ein Widerspruch. Sich einen Reim auf diese Widersprüche zu machen, ist nicht einfach, denn dazu muss man sich gedanklich auf eine brachiale Form des *social engineering* einlassen, eine Form, die Menschen wie auf einem Schachbrett hin und her schiebt entsprechend den Vorstellungen eines Spielers, der die Welt als Wille und Vorstellung sieht, als etwas, dem er sich aufzwingen muss.

Kagame ist kein Spieler, aber ein Militär. Er führt das Land wie eine militärische Einheit. Statt Befehlen gibt es ein Geflecht von Verträgen, hervorgehend aus dem bereits erwähnten *Imihigo*-System, das die Vertragspartner an die Zielerwartung des Präsidenten bindet und haftbar macht. Welches die Zielerwartung ist, ist klar und wird zudem laufend in öffentlichen Auftritten wiederholt. Kritik ist nur erlaubt, wenn sie konstruktiv ist. Darum sei der Präsident, wie Ruander hinter vorgehaltener Hand spotten, auch umgeben von »Yes-Men«, von Männern, die ihm nach dem Mund reden. Regierungsumbildungen sind dennoch häufig, Umbesetzungen in der Armee ebenfalls. Gewünscht werden Zustimmung und Bestärkung, selbst, wo sie absurd wirken. Stolz wird auf die ausgeprägte Unternehmerfreundlichkeit Ruandas verwiesen, doch den Appell des *doing business* haben vor allem ruandische Unternehmen gehört, die von der Armee oder der Partei des Präsidenten kontrolliert werden und bereits die lukrativsten Wirtschaftssparten besetzen.

Stolz auf das beeindruckende Wirtschaftswachstum zu sein, ist das eine, das andere ist, dass das Wachstum Produktivität, Wettbewerbsfähigkeit und technologische Entwicklung nicht hat steigern können. Eine im

Oktober 2019 anlässlich eines Treffens der »Compact with Africa«-Initiative in Berlin veröffentlichte Studie weist sogar nach (*FES-Studie*, S. 39), dass sich in Ruanda entgegen allen immer wieder beteuerten Zielvorgaben zwischen 2010 und 2018 der Anteil des Dienstleistungssektors am Bruttoinlandsprodukt nicht erhöht, sondern verringert hat und zudem im selben Zeitraum die Zahlen im primären und sekundären Sektor (Landwirtschaft und produzierendes Gewerbe) nahezu unverändert geblieben sind. Wegen der folglich zu geringen Steuereinnahmen sind zwischen dreißig und fünfzig Prozent des ruandischen Haushalts fremdfinanziert, das heißt, von Drittstaaten wird Budgethilfe geleistet, ohne die der Staatshaushalt und mit ihm der Staat kollabieren würde. Dennoch leistet sich Ruanda eine eigene Fluggesellschaft, RwandAir, mit der sie, in Konkurrenz zu bereits existenten Fluggesellschaften, kontinentale und interkontinentale Ziele anfliegt. Die Fluggesellschaft ist hochdefizitär und muss mit jährlich mindestens fünf Prozent des Staatshaushalts subventioniert werden. In die Kategorie der Prestigeobjekte ist auch der geplante Großflughafen südöstlich der Hauptstadt Kigali (die über einen kürzlich modernisierten Flughafen verfügt) einzuordnen. Die Großflughäfen Entebbe und vor allem Nairobi sind nicht weit entfernt, die Sinnhaftigkeit des ruandischen Flughafenprojekts erschließt sich darum nicht, von der drohenden Schuldenfalle nicht zu reden (der Hauptstadtflughafen Kigali hat derzeit ein Passagieraufkommen von deutlich unter einer Million pro Jahr; der neue Flughafen außerhalb der Hauptstadt soll nach einer ersten Bauphase ein Passagieraufkommen von jährlich sieben Millionen, nach der zweiten von vierzehn Millionen bewältigen können).

Die Beispiele reichen aus, denke ich, um die Frage zu stellen, was nun wirklich, jenseits allen Wunschdenkens, von dem Ruf Ruandas, ein Leuchtturm der Entwicklung in Afrika zu sein, bleibt. Es bleibt einiges. Der Fortschritt ist unübersehbar. Verglichen mit der Ausgangslage 1994 hat es in Ruanda eine Entwicklung gegeben, die staunen lässt. Die »eiserne Faust« des früheren Rebellenführers und heutigen Staatspräsidenten Kagame hat das Land aus der Rückständigkeit in die Moderne geführt. Den Ruandern geht es heute besser als vor 25 Jahren. Probleme sind dafür da, um gelöst zu werden. Mit dem entsprechenden Willen ist fast alles machbar, so das Credo der Staatsführung.

Ein Teil der Bevölkerung stimmt dem zu. Die Menschen, die ihm angehören, sind stolz auf die Leistungen des Staates und stolz, Ruander zu sein. Der weitaus größere Teil der Bevölkerung, durchweg Hutu und als solche immer noch dem Pauschalvorwurf der Kollektivschuld am Völkermord ausgesetzt, ist hingegen anderer Ansicht. Das Fortschrittsversprechen ist bei ihnen kaum angekommen. Bei Weitem zu wenig bis gar nicht, wenn sie die eigene Lebenssituation mit dem Hochglanzleben in den Städten vergleichen. Dass sich die medizinische Versorgung oder die Möglichkeit des Schulbesuchs verbessert haben, verblasst angesichts des größer gewordenen und nunmehr riesigen Abstands zur Welt der Luxushotels, Bürotürme und Boutiquen, die für das neue, zukunftszugewandte Ruanda stehen und mit der Lebensrealität der allermeisten Ruander nichts zu tun haben.

Seit 1994 gehört Ruanda im jährlich erscheinenden Index der menschlichen Entwicklung, einem von den Vereinten Nationen erstellten Wohlstandsindikator für Staaten (er misst unter anderem das Pro-Kopf-Einkommen, die Lebenserwartung, das Niveau der medizinischen Versorgung oder die Dauer des Schulbesuchs), zur Staatengruppe mit einer »geringen menschlichen Entwicklung« (*low human development*), in den letzten Jahren im Rankingbereich zwischen 155 und 160 bei einer Gesamtzahl von durchschnittlich 180 erfassten Staaten. Auch hier strahlt der Leuchtturm mithin längst nicht so hell wie gerne behauptet. Und das Gesamtbild trübt sich noch weiter ein, wenn wir den Umfang internationaler Aufbauhilfe und dessen landesweit unschwer feststellbare begrenzte Wirkung bedenken. Eine Aufhellung ist nicht in Sicht. Die Politik unter Kagames autoritärer Führung gibt Linie und Hoffnung vor. Die Bevölkerung hat zu folgen und sich zu freuen. Fällt ihr das schwerer, wird der repressive Druck erhöht. Als Liebling der Gebergemeinschaft muss Kagame Sanktionen nicht fürchten, sofern er nicht zu offensichtlich im Kongo aktiv wird, um Bodenschätze von dort in Ruanda verarbeiten und als Bodenschätze ruandischer Herkunft exportieren zu lassen.

Die Lage heute ist der vor dem Völkermord von 1994 nicht unähnlich. Wohlstand und materielle Sicherheit für wenige, die zudem nur einer Bevölkerungsgruppe angehören, Wohlstandsversprechen für alle bei de facto gleichbleibend hoher Armutsquote, Repression zur Verhinderung von Kritik und als deren Folge ein überall spürbares Klima der Einschüchterung und Angst. Eine kleine Abweichung von der offiziellen Linie reicht aus, um Ausgrenzung, Inhaftierung oder Schlimmeres zu erfahren. Keine Spur von einer Politik der Versöhnung, Unterwerfung unter den Regimewillen, lautet das Gebot. Dem nur flüchtigen Blick von außen, zwischen naiver Bewunderung und kultureller Arroganz schwankend, erschließt sich das nicht, nicht zuletzt, weil Ruanda meisterlich auf der Klaviatur westlicher Erwartungen spielt. Zynismus ist Teil der Staatsdoktrin geworden.

Als im Februar 2018 kongolesische Flüchtlinge aus einem Flüchtlingslager im Westen Ruandas gegen ihre schlechten Lebensbedingungen protestierten, erschoss die ruandische Polizei mindestens zwölf unbewaffnete Demonstranten und verletzte viele mehr. Die genaue Zahl der Opfer ist unklar, denn bis heute ist kein Untersuchungsbericht veröffentlicht worden. Auch die ruandische Menschenrechtskommission hüllt sich in Schweigen. Was hingegen geschah, war die Einleitung von Strafverfahren gegen Flüchtlinge, weil sie durch ihre Kritik an den Lebensbedingungen im Lager »Falschinformationen verbreitet haben sollen in der Absicht, eine feindliche internationale Stimmung gegen Ruanda zu schüren«.[*] Im Oktober 2018 wurde einer von ihnen, der das Protestschreiben auch an *Human Rights Watch* geschickt hatte, zu einer Freiheitsstrafe von fünfzehn Jahren verurteilt. Die anderen sitzen noch in Untersuchungshaft.

Wie eine freundliche internationale Stimmung gegenüber Ruanda erzeugt werden kann, ist seit Herbst 2019 zu sehen. In unregelmäßigen Abständen werden Flüchtlinge aus libyschen Flüchtlingslagern nach Ruanda geflogen, wo sie aufgenommen und versorgt werden sollen. Insgesamt will Ruanda 1500 Flüchtlinge aufnehmen, ihnen vorübergehend ein besseres Leben bieten

---

[*] Zitiert nach *Human Rights Watch*, https://www.hrw.org/news/2019/02/23/rwanda-year-no-justice-refugee-killings, zuletzt aufgerufen am 31.1.2020.

als in den Lagern Libyens, wo Gefahr für Leib und Leben besteht. Die Europäische Union fördert diese Maßnahme mit 10,3 Millionen Euro. Nothilfe, die bezahlt wird und gleichwohl nicht den Ruch eines Geschäfts anhaftet, funktioniert offensichtlich. Die ersten Flüchtlingsgruppen sind, begleitet von großer medialer Aufmerksamkeit, bereits in Kigali eingetroffen.

Ich habe dieses Kapitel mit einer kurzen Geschichte begonnen und möchte es nun auch mit einer kurzen Geschichte beenden: Im September 2019 fand in Trier der alljährliche Ruandatag der Partnerschaft Rheinland-Pfalz/Ruanda statt. Zahlreiche Stände luden auf dem Domplatz dazu ein, das Land Ruanda näher kennenzulernen, ruandische Gerichte zu probieren oder vielleicht sogar eine Reise nach Ruanda zu planen. Das Wetter war schön, das Interesse entsprechend groß, vor allem für die Ruanderinnen und Ruander aus Rheinland-Pfalz und Umgebung war der Ruandatag eine willkommene Gelegenheit des Wiedersehens. Nach nur überschlägiger Schätzung waren bestimmt mehr als einhundert nach Trier gekommen. Doch so groß das Interesse an den diversen Veranstaltungen auf dem Domplatz war, so gering war es, wenn in Vorträgen und Diskussionen in der benachbarten Volkshochschule Aspekte ruandischer Wirtschaftspolitik beleuchtet wurden. Nicht mal ein halbes Dutzend Ruander waren anwesend. Als es zum Schluss gar um den Zustand der ruandischen Gesellschaft 25 Jahre nach dem Völkermord ging, fanden Vortrag und Diskussion nur unter Deutschen statt. Kein Ruander, keine Ruanderin wollte teilnehmen. Nicht aus Desinteresse, sondern aus Angst.

»Le Congo n'est pas maudit« – wenn Hoffnung auf Wirklichkeit stößt

Wer in den Kongo reisen möchte, sollte sich auf einiges gefasst machen. Das fängt schon in Deutschland an, wo auch in den vergangenen Jahren ein hohes Maß an Erlebnisreichtum garantiert war. Bis ca. 2010 befand sich die kongolesische Botschaft in Bonn, dann ist sie nach Berlin umgezogen. In Bonn war sie in einem Mehrfamilienhaus. Die Adresse war nicht die beste. Das Haus sah aus wie eines jener typischen Produkte des sozialen Wohnungsbaus, deren Renovierungsbedarf schon seit Jahren ignoriert wird.

In der zur Botschaft umfunktionierten Wohnung überfiel den Besucher ein Afrika, wie es sich darstellen muss, wenn Vorurteile bestätigt werden sollen. Schmutzige Wände, offenliegende Leitungen, herausgerissene Steckdosen und Toiletten, die nur bei gehöriger Verachtung für hygienische Mindeststandards genutzt werden konnten. Die Botschaftsangestellten schien das nicht zu beeindrucken. In ihrer makellosen Bürokleidung machten sie den Eindruck, einen Kontrapunkt setzen zu wollen zum desolaten Umfeld. Freundlich, beinahe fürsorglich wiesen sie den Weg zu den einzelnen Stationen, an deren Ende die Erteilung des beantragten Visums stand. Eine halbe bis allenfalls eine Stunde dauerte das Ganze, von der Einreichung des Antrags und Bezahlung einer Gebühr bis zur Ausgabe des Visums.

In Berlin steht der kongolesischen Botschaft nun eine ganze Villa im vornehmen Neu-Westend zur Verfügung. Büroräume gibt es im Erdgeschoss und im ersten Stock. Und dort, so beim ersten Besuch die naheliegende Annahme, ist auch ein Visum zu bekommen. Eine ganz und gar irrige Annahme, wie sich schnell herausstellt. Höflich wird der ahnungslose Besucher hinauskomplimentiert und auf ein kleines Schild am Gartenzaun aufmerksam gemacht. Darauf zeigt ein Pfeil unter der Aufschrift »Service Consulaire« auf eine Seitentür. Hinter dieser Tür aber, einer soliden Stahltür, geht es in die Kellerräume. Vorbei an einer Art Empfangstresen, auf dem eine Plastikblume steht, gelangt man in mehrere fensterlose Büros, in denen die Visa beantragt und entgegengenommen werden können. Barzahlung ist nicht mehr möglich. Früher wird die Visumgebühr wohl regelmäßig in den Taschen der Botschaftsangestellten gelandet sein, mutmaßt ein kongolesischer Besucher, der wegen einer Bescheinigung gekommen ist – angesichts des Zustands der alten Bonner Botschaft gewiss mehr als nur ein Gerücht.

Jedenfalls muss jetzt ein Bankbeleg über die überwiesene Gebühr (ein einfaches Visum für eine einmalige Ein- und Ausreise kostet 84 Euro) vorgelegt werden. Ist das geschehen, braucht man Geduld, viel Geduld. Nicht, dass nichts passierte. Telefone klingeln, Türen gehen auf und zu, Botschaftsmitarbeiter gehen vom Keller rauf ins Erdgeschoss oder sonst wo hin und kommen wieder runter in den Keller. Nur eins passiert nicht: dass das Visum erteilt und der Pass zurückgegeben wird. Drei Stunden warten, vier Stunden, fünf Stunden – nichts. Ich habe schon erlebt, dass Antragsteller ausgeflippt sind. Dass Kongolesen, die von irgendwoher aus Deutschland nach Berlin gekommen waren, um eine dringende Angelegenheit zu erledigen, mehrfach von einem Botschaftsmitarbeiter auf einen späteren Zeitpunkt vertröstet wurden, mit einigem Aufwand ihre Rückreise verschieben konnten und dann von diesem Mitarbeiter, dessen Haltung sich zwischen blasierter Herablassung und erwarteter Dankbarkeit (»ich habe mich für dich eingesetzt und versuche, dir zu helfen«) bewegte, erneut erfahren mussten, dass noch irgendein Dokument fehlte oder es an irgendeiner Stelle hakte. Türenschlagen, Getrampel im Treppenhaus und lautes Geschrei waren unüberhörbare Hinweise auf Szenen, die über indignierte Kommentare höherer Botschaftsmitarbeiter (»was für ein Verhalten, dieser Mann enttäuscht mich«) bis zum Polizeieinsatz reichten. Irgendwann nach einem solchen oder ähnlichen Intermezzo bekam ich meinen Pass mit Visum. Nach der langen Wartezeit und dem lebhaften Eindruck von den Untiefen administrativer Vorgänge den Kongo betreffend nahm ich ihn beinahe mit dem Gefühl entgegen, man habe mir einen Gefallen getan.

Ich weiß nicht, ob es wieder an den Gerüchten lag, Botschaftsangehörige würden Geld abzweigen oder ob das Verfahren in Visumsangelegenheiten professioneller gehandhabt werden sollte, seit 2015 jedenfalls ist für die Visaerteilung ein Büro in Berlin zuständig, das sich *Bridge Corporation* nennt. Die Preise wurden deutlich angehoben, die Visa kosten jetzt zwischen 109 und 352 Euro, die Servicegebühr beträgt bei jeder Visumvariante vierzig Euro. Die vormals erforderliche Erklärung, dass der Besucher keine Arbeit im Kongo aufnehmen wird, ist ersetzt worden durch die Notwendigkeit einer notariell beglaubigten Einladung, in der die Einladenden unter

Angabe von Adresse und Telefonnummer zusichern müssen, für Unterkunft und Versorgung des Gastes während des Aufenthalts im Kongo aufzukommen. Der kongolesische Staat will wissen, wo sich der Besucher aufhält. Die Unzufriedenheit der großen Bevölkerungsmehrheit mit der Staatsführung hat diese nervös gemacht. Darum empfiehlt es sich auch für den Besucher, bei der Berufsangabe einen möglichst unverdächtig klingenden Beruf anzugeben. Jurist oder Journalist oder Friedens- und Konfliktforscher gehören nicht dazu.

Einmal mit einem gültigen Visum ausgestattet, ist die problemlose Einreise immer noch nicht garantiert. Die Grenzbeamten scheinen den Zeiten nachzutrauern, als das Visum direkt an der Grenze nur gegen Barzahlung erhältlich war. Wenn ich von Ruanda aus nach Bukavu kam, zahlte ich dreißig, später fünfzig US-Dollar, und bekam dann einen Stempel für einen einwöchigen Aufenthalt im Kongo. Einen Beleg über die gezahlten Visumsgebühren gab es nicht, weil, so hieß es, die Vordrucke fehlten. Das Geld verschwand in einer riesigen Schreibtischschublade oder in der Hosentasche des Grenzoffiziers.

Jetzt übernehmen zunächst die Damen vom staatlichen Gesundheitsamt die Funktion des Abkassierens. In einer vor dem eigentlichen Zollgebäude befindlichen Wellblechhütte sitzend, kontrollieren sie die Impfbücher der Einreisenden. Wobei Kontrolle im herkömmlichen Wortverständnis nur sehr ungefähr das trifft, was dort geschieht. Beim vorletzten Mal oder noch ein Mal davor war es die Meningitis-Schutzimpfung gewesen. Mein Impfbuch war in Ordnung, alle vorgeschriebenen Impfungen hatte ich mir geben lassen, keine einzige musste erneuert werden. »Der Schutz gegen

Meningitis ist abgelaufen«, erklärte mir trotzdem eine der Gesundheitsdamen. »Bei uns gilt eine Schutzdauer von nur zwei Jahren.« Alle Hinweise meinerseits darauf, dass international, also auch mit Zustimmung des Kongo, andere Zeiträume anerkannt seien, fruchteten nicht. Ohne gültige Meningitisimpfung keine Einreise, es sei denn ... ja, es sei denn, eine Lösung zur Milderung dieses Rechtsverstoßes würde gefunden werden. Bevor jedoch hierzu Vorstellungen geäußert werden konnten, griff mein kongolesischer Begleiter ein. Von der in der Landessprache Shi geführten Auseinandersetzung verstand ich nur den Namen unserer Projektorte, die ich besichtigen wollte. Irgendwie muss er überzeugend gewirkt haben, denn nach einer kurzen Pause wandte sich die Mitarbeiterin des Gesundheitsamts mir zu und meinte, dass dieser Herr, sie zeigte auf meinen Begleiter, für mich »geweint habe« (»*ce monsieur a pleuré pour vous*«) und ich nach Zahlung einer kleinen Anerkennungsgebühr für meine rechtlose Situation einreisen dürfe. »Wissen Sie, heute ist Samstag, es ist Markttag und ich habe fünf Kinder – zehn Dollar.« Ich zahlte und hatte die größte Hürde für die Einreise in die Demokratischen Republik Kongo genommen.

Bei den Zollbeamten ging es problemlos weiter. Nur wenn sie mich ärgern wollten und Geld brauchten, fragten sie nach der notariell beglaubigten Einladung. Da ich sie in der kongolesischen Botschaft zusammen mit dem Visumsantrag abgegeben hatte, konnte ich keine vorweisen, auch keine Kopie. Also wieder warten, bedeutungsvolle Blicke und auf Zeit spielen in der Hoffnung, dass ich zahle, um die nervige Situation zu beenden. Mal zahlte ich, mal nicht, denn ich wusste, beim Gang zum Taxi würde mich wieder ein Zollbeamter ansprechen, typischerweise mit dem Satz »Et tu me laisses comme ça?« (»Und mich lässt du hier so stehen?«).

In der Endphase des Kabila-Regimes, als die Exekutive unsicher war, wie es weitergehen würde und es vorzog, sich an Vorschriften zu halten, war der einreisewillige Ausländer einem geringeren Maß an Willkür ausgesetzt. Auch nachdem Félix Tshisekedi im Januar 2019, nach einem mehr als zweifelhaften Wahlergebnis, neuer kongolesischer Staatspräsident geworden war, hielten sich die Grenzbeamten zurück. Noch war nicht klar, in welche Richtung die Entwicklung gehen würde. Die Bekämpfung von Korruption und Vetternwirtschaft hatte Tshisekedi im Wahlkampf versprochen, außerdem sollten die Bodenschätze nicht mehr verschleudert werden und alle Kongolesinnen und Kongolesen ein besseres Leben haben. Ankündigungen, wie sie nicht zum ersten Mal in einem kongolesischen Wahlkampf gemacht worden waren. Und noch eine zählte dazu, die unsere Aktivitäten im Kongo direkt betraf und in ihrer Art schon alles sagte über die Qualität der übrigen: mit dem Schulbeginn im September 2019 sollte der Grundschulbesuch kostenlos sein. Keine *prime de motivation* mehr, die die Eltern von Grundschülern monatlich oder vierteljährlich an die Schule zahlen mussten, damit die Lehrer für den Unterricht ausreichend motiviert waren. Die *prime* war gedacht als Ergänzung zu den Gehaltszahlungen des Staates, in Wirklichkeit aber war sie oft das einzige Einkommen der Lehrkräfte, da der Staat durchweg zu wenig Geld für den Bildungsbereich zur Verfügung stellte. Selbst die schon erschreckend niedrigen 74 US-Dollar monatliches Mindestgehalt waren für viele Lehrer nur sporadisch zu erreichen, abseits urbaner Zonen in der Armut ländlicher Gebiete blieben sie ein gänzlich unerfülltes Versprechen. Hier lag die Last der Finanzierung des Grundschulunterrichts zum größten Teil bei den Eltern, die darum auch dem Gedanken an Grundschulen in privater Trägerschaft überhaupt nicht abgeneigt waren. Eine Teilfinanzierung von dritter Seite, dazu die Zahlung einer *prime* durch die Elternschaft, beides zusammen schuf eine Verlässlichkeit, die für alle Beteiligten von Vorteil war. Zwar betraf die Ankündigung Tshisekedis nur die öffentlichen Grundschulen, doch sofort wurde auch in privaten Schulen die Forderung laut, dort ebenfalls den Unterricht kostenfrei zu erteilen. In unserer Grundschule in Muku weigerten sich die Eltern, ab Beginn des Schuljahrs 2019/20 Schulgeld zu bezahlen. Eine Schulversammlung mit der anwesenden Elternvertretung, den Lehrern und der Führung unseres Partnervereins führte zu keinem anderen Ergebnis. Dass monatlich ein Dollar pro Schulkind ein im regionalen Vergleich ohnehin sehr bescheidener Betrag sei, konterte die Elternvertretung mit dem Argument der großen Armut in vielen Familien. Bei mehreren Schulkindern pro Familie, und das sei der typische Fall, kämen schnell mehr als ein Dollar pro Monat zusammen, Zahlungsrückstände würden die Lage noch erheblich verschärfen. Was der Präsident gesagt habe, müsse für alle Grundschulen gelten. Der Staat sei doch schließlich für die Schulbildung zuständig. Die Ungereimtheiten in der Präsidenten-Ankündigung übersahen sie geflissentlich. Dass allein für das Schuljahr 20219/20 geschätzte 2,9 Milliarden Dollar im Staatshaushalt bereitgestellt werden müssten, war für sie nur eine Zahl, die ihnen im Vergleich zu ihrer täglich erfahrbaren Not nichts sagte. Und dass künftig ein Fehlbetrag von rund 300 Dollar jeden Monat von unserem

Partnerverein und damit von uns, dem deutschen Verein in Hamburg, aufgebracht werden musste, verblasste auch vor diesem Hintergrund. Die Weißen würden es schon richten, in den eigenen Staat hätten sie längst kein Vertrauen mehr.

Es ist verrückt. Eines der an Bodenschätzen reichsten Länder der Welt mit immensem Vermarktungspotential (man denke nur an den Bedarf an Kobalt, von dem sich das weltweit größte Vorkommen im Kongo befindet, für die Elektromobilität) ist finanziell nicht in der Lage, eine landesweite Grundschulbildung zu gewährleisten. Würde die Ankündigung Tshisekedis umgesetzt, müssten allein 49 Prozent des Haushalts von 2019 dafür investiert werden. Eine absurd hohe Zahl, wenn man bedenkt, dass der Haushalt 2019 nur fünfzehn Prozent der eigentlich erforderlichen Summe für die materielle Verbesserung der Grundschulbildung ausgewiesen hat, wie sie von Tshisekedi im Übrigen auch erst während der Haushaltsberatungen versprochen wurde.

Eine andere Lösung wäre möglich und sie scheiterte gewiss nicht am Geld, wenn, ja wenn der kongolesische Haushalt nicht am Ende eines Prozesses stünde, in dem sich jede staatliche Stelle von einigem Einfluss, angefangen vom Minister bis hinunter zu vertrauenswürdigen Mitarbeitern in den Provinzen, nach Kräften am Staatseinkommen bedient, um den mageren Rest später dem Staat zu überlassen, damit dieser den Schein erwecken kann, er erfüllte seine Aufgaben. Wie oberflächlich selbst dieser Schein ist, hat die Weltbank in vielen vergangenen Jahren der kongolesischen Regierung bescheinigt. »Haushalterische Disziplinlosigkeit« war der Vorwurf, Betrug und Unterschlagung gingen also weiter, selbst der magere Haushaltsrest war noch Beute genug. Wer hier an eine Bande denkt, denkt richtig. Der Staatschef als Bandenchef, Regierungsmitglieder und hohe Offiziere als seine Spießgesellen bzw. als Anführer kleinerer Banden. Ein Netzwerk, das sich über das ganze Land legt.

2017, als wegen der Weigerung des vormaligen Staatspräsidenten Joseph Kabila, die Macht abzugeben (was er nach zwei Amtszeiten gemäß der Verfassung schon Ende 2016 hätte tun müssen), der Enttäuschung und Hoffnungslosigkeit im Kongo endlich ein Name gegeben worden war, hing über der Straße, die in Bukavu vom *Place de l'Indépendance* ins Stadtzentrum führt, über mehrere Wochen hinweg ein Banner mit der Aufschrift »Le Congo n'est pas maudit« (»Der Kongo ist nicht verflucht«). Wer das Banner dort aufgehängt hatte, war nicht erkenntlich, aber es war anzunehmen, dass die Aktion auf die Partei des Staatspräsidenten Kabila, die *Parti populaire pour le renouveau et la démocratie/* PPRD (Volkspartei für Wiederaufbau und Demokratie) zurückging. In der Nähe befand sich ein Büro der PPRD, von seiner Fassade her kein Versprechen für einen Wiederaufbau, doch was heißt das schon bei einem Parteinamen (und auch Ländernamen), der sich wie zum Hohn auch noch auf Demokratie bezieht.

Ich schreibe diese Sätze und denke unwillkürlich, dass ich mich davor hüten muss, den Kongo nur in den dunkelsten Farben zu zeichnen, ein Panorama der Auswegslosigkeit zu entfalten, das den Blick frustriert abwenden lässt. Seit dem *Herz der Finsternis* von Joseph Conrad, 1899 erschienen, ist der Kongo zur Chiffre geworden für Gewalt und Tod und Abwesenheit einer lebenswerten Zukunft. Millionenfaches Sterben zur Zeit des Freistaats Kongo, der das Privateigentum des frömmelnden belgischen Königs Leopold II. war. Unterdrückung und Ausbeutung durch den belgischen Staat, der 1908 die Kolonie übernahm. Nach der Unabhängigkeit 1960 Beseitigung von Patrice Lumumba, dem ersten Premierminister des Landes, weil er nicht Befehlsempfänger der früheren Kolonialmacht und der Weißen überhaupt sein wollte. Danach Bürgerkrieg und 32-jährige Gewaltherrschaft (bis 1997) des erratischen Joseph-Désiré Mobutu. Es folgen erneut Krieg und Bürgerkrieg, die bis zum Friedensschluss 2003 andauern und wieder Millionen Leben fordern. Als Joseph Kabila 2006 in den ersten leidlich freien Wahlen zum Staatspräsidenten gewählt wird, hat das Land eine mehr als hundertjährige Geschichte von Gewalt und Fremdbestimmung hinter sich. Im Osten des Landes, in den Kivu-Provinzen, und immer mal wieder in anderen Landesteilen dauert die Gewalt bis heute an. Hunger und Elend treiben den *Warlords* die Rekruten in die Arme, weil der Krieg der einzige verlässliche Arbeitgeber ist.

Der Staat, wie wir ihn nach dem Hobbes'schen Gesellschaftsvertrag kennen (alle Menschen übertragen einen Teil ihrer Freiheit und ihrer Selbstbestimmung auf den Staat, der im Gegenzug, mit einem Gewaltmonopol ausgestattet, für Frieden und Ordnung sorgt), existiert im Kongo nicht. Hier ist der Staat ein *Behemoth*, ein Ungeheuer, das die Menschen im Naturzustand des Alle-gegen-Alle belässt. »*Débrouillez-vous*«, helft euch selbst, lautet der jedem Kongolesen, jeder Kongolesin bekannte Artikel 15, der von Mobutu in die kongolesische Verfassung hineingedacht worden ist. Niemand glaubt ernsthaft, dass der neue Staatspräsident Tshisekedi daran etwas ändern wird. Dazu ist er zu sehr ein Mann von Kabilas Gnaden, ein Mann für den Vordergrund, während hinter ihm die Regierung mit Kabila-Getreuen die Fäden zieht, unterstützt von einem Parlament, in dem diese ebenfalls die Mehrheit haben. Die Vereinten Nationen, seit nunmehr zwanzig Jahren in der weltweit größten Mission im Land (im November 1999 von Sicherheitsrat beschlossen, hat die Mission derzeit eine Stärke ca. 18.000), haben es nicht vermocht, dem Land zu einer besseren Entwicklung zu verhelfen. Obwohl die Mission eine Mission nach Kapitel VII der Charta der Vereinten Nationen ist (»Maßnahmen bei Bedrohung oder Bruch des Friedens und bei Angriffshandlungen«) und den im Auftrag der internationalen Gemeinschaft handelnden Intervenienten eine beträchtliche Machtfülle gibt, stößt sie durchweg auf Desinteresse und Obstruktion seitens kongolesischer Offizieller, die das begonnene Engagement leerlaufen lassen wollen. Der Mission eine schlechte Ausrüstung, oberflächliche Vorbereitung und falsche Strategie sowie zum Teil sogar kriminelles Agieren vorzuwerfen, ist das eine. Das andere, zumindest ebenso gewichtige, ist das kongolesische Beharren auf Strukturen, die dem eigenen Vorteil dienen. Die Vereinten Nationen sollen, so die offizielle Meinung, Straßen reparieren und anderen Aktivitäten nachgehen (von Maßnahmen zum Schutz von Kindern bis hin zu Programmen gegen sexuelle Gewalt), alles gut und schön und vor allem vollständig kostenfrei und zudem lokale Arbeitsplätze generierend, unseren Staat jedoch, »den großen Kongo«, gestalten wir nach eigenen Interessen. Leicht ist hier ein betont antikolonialer Herr-im-Hause-Standpunkt herauszuhören. Als wir – mehrere Kongolesen, unter ihnen ein ehemaliger Oppositionspolitiker, und ich – im Herbst 2017 auf der Rückfahrt nach Bukavu in eine Dorfkneipe einkehrten, um die Eindrücke einer Besichtigung Revue passieren zu lassen (der frühere Oppositionspolitiker betrieb eine Landwirtschaft und wollte die Frauenkooperative in Burhale beraten), gab es plötzlich auf der Straße vor der Kneipe eine lautstarke Auseinandersetzung. Der Verantwortliche für das *territoire* (einem Regierungsbezirk in Deutschland vergleichbar) von Walungu, in dem wir uns gerade aufhielten, verlangte von einem meiner Begleiter eine schriftliche Genehmigung dafür, uns in seinem Bezirk aufzuhalten. Die hatten wir nicht, auch hatten wir noch nie von der Notwendigkeit einer solchen gehört. Alle unsere Einwände fruchteten nicht. Der Bezirksverantwortliche, der deutlich nach Alkohol roch, bestand auf der Genehmigung und wurde darin von einem grimmig dreinblickenden Agenten des Geheimdienstes ANR (*Agence Nationale de Renseignement*) unterstützt. Zwei Polizisten machten die Drohkulisse komplett. Sie wollten Geld, das war uns klar, und sie wollten den früheren Oppositionspolitiker einschüchtern und uns bei dieser Gelegenheit demonstrieren, wie machtvoll sie handeln konnten. In ihre gedachte Dramaturgie passte nicht, dass wir uns durch eine schnelle Geldzahlung freikaufen könnten. Wir mussten ihnen in einen Nebenraum der Kneipe folgen, uns eine gute Stunde lang, von Alkoholwolken umnebelt, anhören, wie wichtig dem kongolesischen Staat und seinen Organen unsere Sicherheit sei und wie sehr wir ihn, den Bezirksverantwortlichen, enttäuscht hätten, weil wir diese Sorge des Staates durch unseren nicht gestellten Antrag offensichtlich so gering geschätzt hätten. Absurd? Sicher. Aber mehr noch erniedrigend. Sich über einen längeren Zeitraum Unsinn anhören zu müssen und diesem Unsinn schließlich noch zustimmen zu müssen, unter mehrfacher Versicherung unseres und besonders meines Verständnisses für die wichtigen Aufgaben, die die Bezirksorgane ausübten, war eine Demütigung, eine besonders üble zumal, da mit eigenem Anteil zustande gekommen, auf den ersten Blick jedenfalls. Der Geldbetrag, den wir zum Schluss übergeben mussten, erschien mir darum wie eine Absolution. Beschämt und wütend fuhren wir weiter.

»Le Congo n'est pas maudit.« Diejenigen, die so reden und den Kongo nicht für verflucht halten, haben augenscheinlich ein Interesse daran, dass die Situation so bleibt, wie sie ist. Sie profitieren davon. Denn in großer Nähe zu diesen einheimischen Ausplünderern des Landes sind ausländische Unternehmen anzutreffen, die entweder private Unternehmen oder Staatsunternehmen sind. Zu den letzteren gehören Unternehmen aus der Volksrepublik China. Seit 2008 ist China im großen Maßstab im Kongo wirtschaftlich aktiv. Auf rund 8,5 Milliarden US-Dollar belief sich ein erster Großvertrag, der eigentlich ein Tauschvertrag war. Gegen die Zusicherung des Baus von Straßen, Eisenbahnlinien, Schulen und Krankenhäusern wurde chinesischen Unternehmen das Recht eingeräumt, Bodenschätze wie Kupfer, Wolfram, Zink und das überaus begehrte Coltan abzubauen und zu verwerten. Westliche Kritik an dem Geschäft, wonach dessen Vorteile zu ungleich verteilt seien und der Kongo in eine Schuldenfalle laufe, wies die kongolesische Regierung vehement zurück. Die Verhandlungen seien unkompliziert und effizient gewesen, Druck sei nicht ausgeübt worden. Für Unternehmen aus westlichen Staaten gebe es keinen Grund zur Klage. Ganz im Gegenteil, der Kongo müsse sich über die eklatante Einseitigkeit vergangener Verträge beklagen. Auf die Riesengewinne dieser Unternehmen sei nur ein lächerlicher Betrag an Steuern gezahlt worden, um die Interessen des Landes, die jetzt so hochgehalten würden, sei es zuallerletzt gegangen. Im Ton des Selbstbewusstseins, der die Erklärungen seinerzeit durchzog, war kein Raum für Selbstkritik. Dabei war es ein offenes Geheimnis, dass schlechte Regierungsführung und die endemische Korruption eine massive Wertschöpfung eigener Art betrieben hatten. Gut möglich, dass man die Pressionen westlicher Institutionen wie der Weltbank und des Internationalen Währungsfonds leid war und im neuen Deal mit China nach anderen, noch ungestörteren Wegen des Profits suchte. Auch wenn der Deal auf Druck des Währungsfonds im Volumen noch einmal deutlich gesenkt werden musste, es blieb sicherlich mehr als genug, damit die Gier, vor langer Zeit geweckt, nach neuen Wegen ihrer vorübergehenden Befriedigung suchen konnte.

Der Kongo ist bis heute nicht in die chinesische Schuldenfalle geraten. Größte Gläubiger sind die Weltbank und die Afrikanische Entwicklungsbank, erst danach folgt China mit fünfzehn Prozent der Forderungen (Stand 2017). Neunzig Prozent des kongolesischen Kupfers und Kobalts werden nach China ausgeführt und im Gegenzug errichtet China Infrastrukturprojekte, die allerdings in erster Linie der Stromversorgung ihrer Förderanlagen dienen. Viele Elemente der chinesisch-kongolesischen Kooperation sind gleichwohl unbekannt. Eine Regelung aus dem Jahr 2011, wonach kongolesische Verträge mit ausländischen Unternehmen veröffentlicht werden müssen, wird, wie in verschiedenen externen Berichten festgestellt, nur sehr unzureichend beachtet und ist damit letztlich wirkungslos, weil die auch nur partielle Nichtbeachtung dem Verdacht geheimer Absprachen Tür und Tor öffnet. Inwieweit das neue Bergbaugesetz vom April 2018 beachtet werden wird, ist darum eine offene Frage. Dass sechzig Prozent statt vormals vierzig Prozent der Exporterlöse im Rohstoffsektor wieder in den Kongo zurückfließen müssen und darüber hinaus noch eine Reihe weiterer Steuern deutlich erhöht wurden, erhöhte andererseits das kongolesische Bruttoinlandsprodukt und die Geldmenge, die theoretisch in Maßnahmen zugunsten der Bevölkerung investiert werden könnte, schuf aber zugleich auch genügend zusätzliche Versuchungen, Geld in die eigenen Taschen umzuleiten. Der Wille zur Kontrolle wird begrenzt sein. Wenn achtzig Prozent der Exporte im Bereich der mineralischen Rohstoffe nach China gehen, ist die Abhängigkeit entsprechend groß und die Neigung zur Kontrolle klein. Das Geld, das wachsen soll, braucht Ruhe, und zwar in zweifacher Hinsicht. Zum einen muss jede Störung im Geldfluss durch einen zu genauen Blick der staatlichen Exekutive vermieden werden, zum andern braucht auch die Geldproduktion Stabilität. Unruhe lähmt die Abbautätigkeiten im Bergbau. Unzufriedene lokale Bevölkerungen oder Milizen, die ihren Teil vom Kuchen haben wollen, bedrohen die reibungslose Förderung und den Transport von Rohstoffen. Verstärkte chinesische Waffenlieferungen an den Kongo sollen das Problem beherrschbar machen. Dass Polizei und Armee des Kongo notorisch und massiv gegen elementare Menschenrechte verstoßen, ist in diesem Kontext nicht einmal ein Einwand.

China, klar, welches Land sonst, wird jetzt wohl denken, wer nach einem bekannten Namen für die skrupellose Verknüpfung von Entwicklungspolitik und Eigeninteresse sucht. Doch das kanadische Beispiel Banro zeigt, dass auch westliche Unternehmen dort, wo das große Geld lockt und Regelungen elastisch sind, sich in Riesenschritten von dem Image entfernen, das sie auf ihren Websites gerne verbreiten. Die Banro Corporation Ltd. ist ein kanadisches Unternehmen, das mittlerweile seinen Sitz auf den Cayman-Inseln hat. Es ist spezialisiert auf den Goldbergbau und betreibt in den ostkongolesischen Provinzen Maniema und Südkivu inzwischen vier Bergwerke und siebzehn Tagebauprojekte. Die Fläche, auf denen die Arbeiten stattfinden, ist 7.500 Quadratkilometer groß, das entspricht der dreifachen Größe des Saarlands oder der mehr als achtfachen Größe Berlins. Zu ihrer Mission schreibt Banro auf der eigenen Website,[*] sie bestehe darin, »to have the right people, in the right places, doing the right things, all of the time!«, also jederzeit mit den richtigen Menschen an den richtigen Orten das Richtige zu tun. Weniger kryptisch und selbstreferentiell wird es bei den Werten, für die Banro laut seiner Selbstauskunft steht. Transparenz, Integrität und Respekt werden genannt und es wird versichert, dass Banro für diese Werte eintritt, »um eine nachhaltige Zukunft für unsere Gast-Gemeinschaften zu schaffen«. Gemeint ist, dass Banro im Interesse der Bevölkerung des Landes arbeitet, dessen Bodenschätze es verwertet. Natürlich verfolgt das Unternehmen noch andere Ziele, schließlich ist es keine karitative Vereinigung, sondern will Geld verdienen, aber – das muss festgehalten werden – es geht auch um kongolesische Belange.

Zu Anfang sah dies auch ganz gut aus. Als Banro 2010 in der Region von Luhwindja im Südkivu mit den

---

[*] https://banro.com/about-us/, zuletzt aufgerufen am 31.1.2020.

Förderarbeiten anfing, waren der Bevölkerung schon weitreichende Zusagen gemacht worden. Immerhin lebten Tausende von ihnen vom sogenannten artisanalen Kleinbergbau, schürften und wuschen in Eigenregie, um das so gewonnene Gold an Zwischenhändler zu verkaufen. Sie sollten Arbeit im industriellen Großbergbau finden, Schulen und Krankenstationen sollten errichtet werden. Ein Vertrag zwischen Unternehmen, Vertretern des Kleinbergbaus und der lokalen Verwaltung wurde geschlossen, der konkrete Schritte vorsah. Für Banro war es wichtig, Vertrauen zu schaffen. Fortschreitende Bergbau- und Tagebauarbeiten würden schließlich unweigerlich dazu führen, dass insgesamt 800 Familien ihre Häuser verlören und umgesiedelt werden müssten.

Als dann die ersten 300 Familien ihre Häuser verlassen mussten, verschlechterte sich das Klima zwischen Banro und lokaler Bevölkerung rapide. Nachdem die anfänglichen Zusagen größtenteils nicht eingehalten worden waren, weigerten sich viele Bewohner, ihre Häuser zu verlassen. Es kam zu Polizeieinsätzen, Einschüchterung und Gewaltanwendung und, in einer Mischung aus Verzweiflung und Selbsterniedrigung, zu einer Umsiedlungsaktion, die man gesehen haben muss, um sie zu glauben. Auf einer Bergkuppe, in einer Höhe von 2900 Metern, in mehr als einem Dutzend terrassenförmig angeordneten Reihen hintereinander, stehen kleine Steinhäuser mit einer Grundfläche von fünfzehn Quadratmetern auf drei Zimmern für jeweils sechs und mehr Personen. Vor jedem Haus ist ein kleiner Garten für Gemüseanbau, landwirtschaftlich nutzbare Felder gibt es wegen der Hanglage nicht, Elektrizität und Trinkwasser sind nicht vorhanden, der nächste Brunnen ist länger als eine Stunde Fußweg entfernt und das Wasser muss in Kanistern den Berg raufgeschleppt werden. Das Steinhaus ist zudem kein Steinhaus, sondern aus getrockneten Ziegeln errichtet, die in der Feuchtigkeit zerbröseln. Krankheiten wie Lungenentzündungen, chronischer Durchfall oder Magen-Darm-Entzündungen sind alltäglich, viele Kinder haben einen Hungerbauch. Unterhalb von Cinjira, so der Name des Dorfs, liegt ein anderes Dorf, Bijaga, das durch eine zweite Umsiedlungsaktion entstanden ist. Auch hier sind die angeblichen Steinhäuser selten größer als fünfzehn Quadratmeter, Wasser und Strom gibt es auch hier nicht, nur das Klima ist etwas weniger rau. »Sie haben uns schöne Häuser, Trinkwasser, Elektrizität, eine Schule und Gesundheitsfürsorge versprochen, aber nichts ist geschehen«, klagt ein Mann aus dem Dorf. Andere, die noch in der Nähe der Tagebauanlage leben, beklagen die schleichende Zerstörung der Umwelt. Der immense Wasserverbrauch von Banro habe zu einer Absenkung des Grundwasserspiegels geführt, die Verwendung von Cyanid zur Herauslösung von Gold aus dem Gestein (in der Europäischen Union seit 2010 verboten) verschlechtere außerdem die Qualität des Grundwassers, Fische und Vögel überlebten das nicht. Banro habe zugesagt, alle zwei Jahre eine Untersuchung über die Auswirkung des Goldabbaus auf die Umwelt durchzuführen und zu veröffentlichen. Darauf warte man nun schon seit acht Jahren. Wie heißt es doch auf der Banro-Website? »Wir nehmen unsere Werte ernst, um eine nachhaltige Zukunft für unsere Gast-Gemeinschaften zu schaffen«. Sorgen wird sich Banro ob dieses menschenverachtenden Zynismus wohl nicht machen müssen. Seit 2018 gibt ein chinesisches Staatsunternehmen, Baiyin International Investments, den Ton bei Banro vor. Überfälle von Milizen auf Banro-Einrichtungen, als Protest und Warnung deklariert, hatten zu bedrohlichen Verlusten geführt. Es ist ein offenes Geheimnis, dass die finanzielle Rettung durch China den nicht minder erwünschten Nebeneffekt haben wird, den kongolesischen Staat stärker in die Pflicht zu nehmen, damit dieser den Widerstand niederschlägt und weiterhin dabei hilft, die Kritik an der Geschäftspraxis von Banro ins Leere laufen zu lassen.

Stelle ich mir an diesem Punkt meiner Ausführungen noch einmal die Frage, ob ich die Verhältnisse im Kongo nicht doch zu dunkel zeichne, fällt es mir schwer, darauf anders als verneinend zu antworten. So sehr ich überlege und nachforsche, ich finde so gut wie keinen kongolesischen Politiker und keine industrielle Unternehmung im Kongo (mit oder ohne kongolesischer Beteiligung), deren Aktivitäten meine Zeichnung aufhellen könnten. Betrug, Korruption, staatliche Willkür und Ausplünderung des Landes zugunsten einiger Weniger bestimmen das Bild. Im Korruptionswahrnehmungsindex 2018 belegte der Kongo im Weltvergleich einen der hintersten Plätze, im letzten Index der Rechtsstaatlichkeit (2019), in den acht Faktoren einfließen (unter anderem Zustand der Gewaltenteilung, Zugang zur Justiz, Beachtung der Grundrechte), war der Kongo auf Rang 124 von insgesamt 126 erfassten Staaten zu finden. 73 Prozent aller Kongolesen (ca. achtzig Millionen, das Bevölkerungswachstum von 3,3 Prozent ist mit das höchste in Afrika) lebten 2018 in extremer Armut, das heißt, sie hatten täglich weniger als 1,90 Dollar zur Verfügung. Im von den Vereinten Nationen veröffentlichten Index der menschlichen Entwicklung stand der Kongo im Jahr 2019 auf Platz 179 (von 189 gelisteten

Ländern), eine traurige Bestätigung eines seit drei Jahrzehnten gemessenen Phänomens.

Ob die wenigen tatsächlichen Oppositionsführer in absehbarer Zeit eine Wende herbeizuführen vermögen, ist fraglich. Noch sind sie eben nicht zu Macht und Einfluss gelangt und der Werdegang derjenigen, die es geschafft haben, lässt begründete Zweifel aufkommen. Unversehens wurden sie Teil des Machtapparats, das vielleicht noch vorhandene schlechte Gewissen mit Geld, Ämtern und vermeintlich vernünftigen Lösungen ruhiggestellt. Das französische Verb *coopter* (kooptieren), das diesen Vorgang des Gekauftwerdens bezeichnet, ist selbst in ländlichen Regionen vielen Kongolesen geläufig.

Bleiben die Kirchen, allen voran, weil sie die größte ist, die katholische Kirche. Und es bleibt die Zivilgesellschaft. Beide allerdings mit Einschränkungen. So hat die katholische Bischofskonferenz die führende Rolle in dem letztlich erfolgreichen Versuch gespielt, Staatspräsident Joseph Kabila zur Durchführung von Wahlen und damit zur Beendigung seiner Amtszeit zu zwingen. Sie bewies, dass sie eine Macht im Kongo ist, die die Staatsgewalt nicht ignorieren kann. Vierzig Prozent der Kongolesen sind katholisch, nicht nur dem Namen nach, sondern sie sind gläubig, was sie in manchmal kindlicher Naivität den Empfehlungen und Geboten ihrer Bischöfe folgen lässt. Für die Befriedung der Gesellschaft ist das von unschätzbarem Wert, setzt aber Verantwortungsbewusstsein und kritische Distanz zum Staat in seiner jetzigen Erscheinungsform voraus. Gerade Letzteres macht die Kirchen oft zum idealen Partner für zivilgesellschaftliche Bewegungen, die sich als aufrichtig besorgte, bisweilen lautstarke und oftmals unerschrockene Vertreter der Belange des Volkes verstehen, gegen die Staatsmacht und gegen das Establishment, das auf allen Ebenen der Gesellschaft aus dem Missstand Vorteile zu schlagen versucht. »Le Peuple ignore sa vraie Force« (Das Volk kennt seine wahre Kraft nicht) lautet die Devise eines Zusammenschlusses zivilgesellschaftlicher Organisationen, das sich *Collectif Amka Congo* nennt. Zur visuellen Verdeutlichung der Devise sieht man eine Karikatur, auf der am Ende eines breiten Bretts, das mehrere Meter in einen Abgrund hineinragt, ein Politiker hinter einem Rednerpult steht, wild gestikulierend, während sich ihm gegenüber, auf demselben Brett und auf festem Boden, Plakate mit Forderungen hochhaltend, eine Gruppe von Menschen befindet, deren Gewicht das Brett stabil in der Waagerechten hält. Eine Person, offensichtlich höchst unzufrieden, ist gerade dabei, das Brett zu verlassen. Die Botschaft ist unmissverständlich: Gehen noch mehr Menschen weg, gerät das Brett aus der Waagerechten und der palavernde Politiker stürzt in die Tiefe. Eine andere Gruppierung heißt *Lutte pour le changement* (Kampf für den Wechsel), abgekürzt *Lucha*, was zufällig auch auf Spanisch »Kampf« bedeutet. Ob damit ideell an den Kampf lateinamerikanischer Bewegungen gegen neoliberale Staatswillkür angeknüpft werden soll, vermag ich nicht zu sagen. Sicher ist jedoch, dass sie sich als kompromisslose Kämpferin für einen politischen Wandel versteht und sich auch durch exzessive Polizeigewalt und Gefängnisstrafen nicht einschüchtern lässt.

Beide, *Amka Congo* wie *Lucha*, haben nicht mehr viel gemein mit zivilgesellschaftlichen Organisationen älteren Datums. Sie sind offensiver, streben Breitenwirkung und Massenmobilisierung an, setzen vor allem nicht auf internationale Unterstützung. Denn Gelder aus dem Ausland können die Durchführung von Maßnahmen erschweren, da sie den Geheimdienst ANR oder andere staatliche Stellen, die auf der Suche nach Einkünften sind, auf den Plan rufen. Darüber hinaus besteht die Gefahr, nach dem Beispiel der etablierten Oppositionspolitik ebenfalls »kooptiert« zu werden. Entwicklungszusammenarbeit auf NGO-Basis wird dann zu einem Business, ein Konferenztourismus setzt ein, die Analyse verbleibt in Stereotypen. Verbesserungen der Situation dort, wo es dringend notwendig ist, nämlich im Kongo, treten nicht ein oder bleiben weit unter den Möglichkeiten. Produziert werden lediglich ein gutes Gefühl auf der Geberseite und eine finanzielle Ausstattung auf der Nehmerseite, die ein Selbstverständnis geriert, wie es in den Kreisen der kongolesischen Staatsmacht anzutreffen ist, die sich für wichtig halten.

Dass auch die katholische Kirche nicht dagegen gefeit ist, zeigt ein Beispiel, das noch nicht lange zurückliegt und hoffentlich nur ein außergewöhnliches ist: Am 25. und 26. November 2019 fand in der Katholischen Akademie Berlin eine internationale Tagung statt, die unter dem Thema stand »Demokratisierung in der Krise? Situation und Perspektiven in der DR Kongo«. Organisiert worden war die Tagung von der Katholischen Akademie sowie von Missio, dem internationalen katholischen Missionswerk. Schirmherr der Tagung war Gerd Müller, Bundesminister für wirtschaftliche Zusammenarbeit und Entwicklung. In mehreren Themenblöcken versuchten sich die Teilnehmerinnen und Teilnehmer der Tagung den verschiedenen Facetten des Veranstaltungstitels zu nähern, auf unterschiedliche Weise und mit durchaus unterschiedlichem Erfolg. Ich möchte jetzt nicht näher auf die einzelnen Beiträge eingehen, denen man unabhängig von ihrer Qualität zugutehalten kann, wichtige Themen zur Sprache gebracht und, wenn auch nur vereinzelt, Diskussionen ermöglicht zu haben, und sei es in den Pausen. Wichtiger ist mir, von meinem Eindruck zu berichten, dass die gesamte Veranstaltung einer bestimmten Dramaturgie zu folgen schien, deren Ziel darin bestand, die Teilnehmer sich wechselseitig bescheinigen zu lassen, wie sehr sie doch alle auf der richtigen Seite stünden. Alles schien zu funktionieren, Misserfolge gab es nicht, die Dankbarkeit der Hilfeempfänger im Kongo schien groß. Es waren erkennbar die Amtskirchen, die sprachen. Die deutsche zurückhaltend, lernwillig, konstruktiv. Die kongolesische dankbar, wissend, kooperativ. So hatte es den Anschein. Schließlich zog man gemeinsam am selben Strang, und das Missionswerk Missio sollte weiterhin Projekte im Kongo finanzieren. Kritische Nachfragen hätten gestört, wären nachgerade als ein Sakrileg empfunden worden. Und es ist, zugegeben, auch schwer vorstellbar, wie sehr Teile der katholischen Kirche im Kongo vom jahrzehntealten Geist zerstörerischer kongolesischer Politik durchdrungen sind.

Justin Nkunzi, studierter Philosoph und Theologe, Priester der Erzdiözese Bukavu, hielt, als das kirchliche Engagement bei dem Versuch, »den Menschen ihre Würde zurück[zu]geben«, Tagungsthema war, einen Vortrag über die gerechte Nutzung natürlicher Ressourcen und die Herausforderung, die das an kirchliches Handeln stellt. Justin Nkunzi ist nicht nur enger Mitarbeiter der nationalen Bischofskonferenz und des Erzbischofs von Bukavu, er ist auch Direktor der dortigen diözesanen Kommission »Gerechtigkeit und Frieden«, die uns bereits als eine Einrichtung, in der die

Eigenliebe weit vor der Nächstenliebe rangiert, begegnet ist. Keinesfalls darf der Lebensstil insbesondere des Direktors niedriger sein als der lokaler Spitzen in Staat und Verwaltung. Materielle Vorteile werden angestrebt und brachial durchgesetzt. Wer, angeekelt von diesem Vorgehen, die Kommission verlässt, wird unter Druck gesetzt, zumal wenn er oder sie auf dem weiten Feld der Hilfe tätig bleibt. Eine frühere Mitarbeiterin der Kommission zum Beispiel hat mit finanzieller Unterstützung privater Geldgeber eine Getreidemühle gebaut, die einem Dutzend Menschen Arbeit und Einkommen gibt und zu fairen Bedingungen die Versorgung der Bevölkerung mit Maismehl verbessert. Weil sich jedoch die Diözesankommission gerne als exklusiver Vertragspartner von Hilfsprojekten sieht, zumal wenn sie von ehemaligen Mitarbeitern auf den Weg gebracht werden, ließ sie unter Führung von Justin Nkunzi nichts unversucht, die Kontrolle über die Getreidemühle zu erlangen. Als das misslang, nahm sich Justin Nkunzi persönlich der Angelegenheit an, das heißt, er setzte alle möglichen Hebel in Bewegung, um sich und seiner Familie das Projekt anzueignen. Der Druck war schließlich so groß, dass die Frau mit ihrer Familie Bukavu verlassen und in die benachbarte Grenzstadt Cyangugu auf ruandischer Seite ziehen musste, und zwar kurz bevor Justin Nkunzi die Gelegenheit hatte, auf der Tagung in Berlin aufzutreten.[*] Sie fürchte um ihre Sicherheit und die ihrer Familie, sagte sie.

---

[*] Sie mögen sich fragen, warum ich nicht auf der Tagung diesen Fall zur Sprache gebracht und Herrn Justin Nkunzi zur Rede gestellt habe. Ich habe es nicht gemacht, weil ich mir ganz sicher war, mit der Information nicht durchzudringen. Auf die tiefe Delle im Werk des Guten hätte man mit radikaler Zurückweisung reagiert.

Ich erspare mir und Ihnen, die von einem namhaften Vertreter der kongolesischen Kirche erzwungene Flucht dieser Frau und ihrer Familie in Beziehung zu Werten wie Frieden, Gerechtigkeit oder Würde zu setzen. Was geschehen ist, spricht für sich und gegen eine Kirche, die sich zu sehr eine unselige Politik ihres Landes zu Eigen gemacht hat.

Hilfe, Zusammenarbeit und Entwicklung.
Aspekte einer vermeidbaren Illusion

Meine ersten Erfahrungen mit der Entwicklungshilfe machte ich Mitte der 1980er Jahre. Ich war zu jener Zeit Lehrer für Deutsch, Französisch und Spanisch an einer Bildungseinrichtung in Nordrhein-Westfalen und hatte die Aufgabe, Fach- und Führungskräfte aus der Dritten Welt während ihrer zehnmonatigen Eingewöhnungsphase zu betreuen. »Dritte Welt« war zu jener Zeit noch ein gebräuchlicher Begriff, so wie auch jeder in Deutschland noch ganz selbstverständlich von »Entwicklungshilfe« sprach. Dass über Sprache eine politisch für korrekt gehaltene Wirklichkeit geschaffen werden sollte, war noch nicht Geist der Zeit. Ungeniert sprach man also von der Dritten Welt und von Entwicklungshilfe, Geber und Nehmer waren klar positioniert. Das waren sie auch dann noch, als man in den 90ern anfing, den älteren Begriff »Entwicklungsländer« wieder zu verwenden und »Entwicklungszusammenarbeit« statt Entwicklungshilfe zu sagen.

Wie sollte es auch anders sein? Nach wie vor sollten Gelder und technisches Fachwissen von Nord nach Süd transferiert werden, womit die Autorität im Vorgang eindeutig verteilt war. Zwar wurde sie bisweilen zu überspielen versucht, indem man eben Fach- und Führungskräfte in die Erste Welt einlud, doch der Gast blieb Hilfsempfänger, auch wenn sich für ihn oder sie die gesamte Unternehmung, die mehrere Jahre dauern konnte, auszahlte. Das monatliche Stipendium belief sich auf ein mehrfaches des im Herkunftsland bezogenen Gehalts, eine um etliches bessere Infrastruktur und ärztliche Versorgung gab es kostenlos obendrauf.

Ich vermag nicht zu sagen, wie sich die Hilfe nach der Rückkehr der Gäste in ihrer Heimatländer auswirkte. Dazu waren es zu viele. Evaluationen gegenüber bin ich grundsätzlich skeptisch, weil sie in ihren zentralen Aussagen oft aus Konzessivsätzen bestehen, die übergreifende Interessen maskieren: Obschon dieses oder jenes zu bemängeln ist, ist das Vorhaben von seiner Konzeption her nach wie vor richtig und sollte nach Beseitigung der (anfänglichen) Fehler bei der Umsetzung fortgesetzt werden, so der typische Tenor. Einheimische Mitarbeiter und ausländische Experten werden ob der Arbeitsplatzsicherung zufrieden sein, der Evaluator, da konstruktiv Erwartungen bedienend, sieht hoffnungsfroh seiner nächsten hochbezahlten Evaluation entgegen.

Die Gastaufenthalte in Deutschland, deren Wirkung ich in Afrika habe verfolgen können, sind nach wenigen Jahren wirkungslos verpufft. Entweder erwiesen sich alte Arbeits- und Verwaltungsstrukturen als zu übermächtig und absorbierten jeden Erneuerungsansatz. Oder großfamiliäre Bande gingen mit Verpflichtungen einher, die in ihrer traditionsgestützten Dringlichkeit den früheren Stipendiaten wehrlos machten und alsbald lähmend wirkten. Oder der gesamte Staat löste sich mitsamt seiner Ordnung auf in Bürgerkrieg und Gewaltherrschaft, die nicht nach Fachwissen, sondern nach Loyalitäten fragte.

Benefiz – Jeder rettet einen Afrikaner heißt ein Theaterstück, das mit beachtlichem Erfolg seit über zehn Jahren auf deutschen Bühnen gespielt wird. Fünf verschiedene

Schauspieler, die fünf verschiedene Charaktere darstellen, proben auf der Bühne eine Wohltätigkeitsveranstaltung. Für ein Schulprojekt in Afrika soll Spendenbereitschaft geweckt werden. Wie das geschieht, ist satirisch stark überzeichnet und gerade darum von einer großen entlarvenden Kraft. Der Wille zu helfen ist bei allen Planern der Veranstaltung vorhanden. Nur die Art und Weise, wie er sich äußert und Motivationen und Vorurteile erkennen lässt, ist fünffach verschieden. Naives Gutmenschentum verbindet sich mit zynischer Berechnung, und selbst Empathie kommt ohne paternalistische Bevormundung nicht aus. Weit interessanter ist aber in unserem Zusammenhang, dass das Theaterstück mehr als fünf Jahrzehnte nach Beginn einer deutschen Entwicklungspolitik geschrieben wurde und, mehr noch, dass es einen solchen Anklang gefunden hat, nicht als Reminiszenz an längst vergangene Zeiten, sondern als Beschreibung eines aktuellen Zustands. Unabhängig davon, wie Verhalten und Einstellung der Protagonisten des Stücks gesehen werden, der eigentliche Skandal ist eine Situation in Afrika, die von Armut, Gewalt und Perspektivlosigkeit gekennzeichnet ist, ebenfalls mehr als fünf Jahrzehnte, nachdem die meisten afrikanischen Staaten unabhängig geworden sind. Was sagt das über Qualität und Erfolg der durchgeführten Maßnahmen zur Entwicklung aus, ganz gleich, ob sie nun als Entwicklungshilfe oder Entwicklungszusammenarbeit deklariert werden?

Zunächst einmal, dass es ganz offensichtlich schwierig ist, hier überhaupt von einem Erfolg zu sprechen. Möglicherweise Schlimmeres verhütet zu haben, ist keine wirkliche Beruhigung, wenn das Erreichte Schlimmes nur notdürftig kaschieren kann und das finanzielle Potenzial sehr groß gewesen ist. Internationale Finanzleistungen von jährlich deutlich über hundert Milliarden US-Dollar, größtenteils für afrikanische Staaten, davon ein deutscher Anteil von zuletzt (2017) ca. 22 Milliarden Dollar, sind ein Betrag, der etwas zu bewegen vermag (auch wenn die allermeisten Geberstaaten das Ziel, 0,7 Prozent des Bruttonationaleinkommens für Entwicklungshilfe auszugeben, deutlich oder – im Falle Deutschlands – knapp nicht erreichen). Verglichen damit ist das Erreichte dürftig bis beschämend. Dürftig, weil die Fortschritte in Entwicklungsländern durch Korruption, Klientelismus und Inkompetenz unterdrückt worden sind (die Lebenserwartung im subsaharischen Afrika ist im internationalen Vergleich immer noch mit großem Abstand am niedrigsten, die Gesundheitsversorgung vergleichsweise sehr schlecht), und beschämend, weil wider besseres Wissen Programme und Projekte von Geberseite finanziert worden sind, zum Teil schlicht, um im Land präsent zu bleiben (und dort bei besserer Gelegenheit wirtschaftlich Fuß zu fassen), zum Teil, um politischen Einfluss zu gewinnen und für eigene Ziele nutzbar zu machen (wenn zum Beispiel ein Entwicklungsland nichtständiges Mitglied im Sicherheitsrat der Vereinten Nationen war).

Ob nun Hilfe oder Zusammenarbeit in der Entwicklung, die Bilanz ist nicht gut. Die *eine* Welt, die die Nachhaltigkeitsziele der Vereinten Nationen propagieren, ist nicht einmal am Horizont zu erkennen. Die wechselseitige Unterstützung und Kooperation mit dem Ziel, eklatante Missstände wie Umweltzerstörung, Hunger, Unterdrückung und Gewalt zu beenden, funktioniert nicht.

Die Defizite auf der Nehmerseite habe ich bereits hinlänglich angesprochen, die auf der Geberseite noch nicht. Sie müssen aber angesprochen werden, da sonst das Gesamtbild eine Schieflage bekommt. Die Suche nach einem Konzept, das multilateral praktikabel ist und Kooperation sowie Nachhaltigkeit in der Entwicklung aus der Ecke der Schlagwörter herausholt, ist dabei selbstredend ein wichtiger Punkt. Hier ist auch einiges in Bewegung, so zum Beispiel in Form des Versuchs, die Zivilgesellschaft und die Privatwirtschaft in die Entwicklungszusammenarbeit einzubeziehen, international und unter möglichst großer Beteiligung. »Globale Partnerschaft für wirksame Entwicklungskooperation« heißt das neue Ziel, und es kann nach seinem Wortlaut nicht vermeiden, daraus auch eine Beschwörung herauszulesen. Doch Semantik hin oder her, ein entscheidender Punkt, eine Grundvoraussetzung für das Gelingen einer Zusammenarbeit in wechselseitigem Respekt (»auf Augenhöhe«, wie die Politik gerne sagt) ist die baldige erfolgreiche Zurückdrängung einer Lebensweise insbesondere im globalen Norden, die zutreffend als »imperiale Lebensweise« bezeichnet wird. Ausplünderung von Bodenschätzen, Umweltzerstörung, aggressive Eroberung von Absatzmärkten lauten einige der Stichworte, hinter denen sich eine Malaise verbirgt, die mit der Kolonialisierung Afrikas begonnen hat. Oben und unten ist nicht nur geographisch durch eine scharfe Trennungslinie markiert, auch Sichtweisen und Mentalitäten haben sich verfestigt, die Unrecht als Normalzustand ansehen. Die Nutznießer dieses Zustands im globalen Norden gehen wie selbstverständlich davon aus, dass es nur einiger Retuschen bedarf, um aus diesem Zustand einen für alle erträglichen zu machen. Das ist kaum anders verrückt als die – immer mal wieder vorhandene und vollmundig angekündigte – Bereitschaft der kongolesischen Staatsführung zu kleineren Konzessionen an die Bevölkerung, während das zerstörerische System der einseitigen Vorteilsnahme unangetastet bleibt.

Nach Auskunft eines ruandischen Ministeriums vom 30. Dezember 2019 hat es im zu Ende gehenden Jahr ungewöhnlich starke Regenfälle und Unwetter gegeben. 132 Menschen seien getötet, 5650 Häuser zerstört worden. Der Regen hätte außerdem 10.609 Hektar des größtenteils terrassenförmig angelegten landwirtschaftlich genutzten Lands verwüstet, 703 Klassenräume zerstört, viele Brücken und Straßen unbenutzbar gemacht. Der weitaus größte Teil der Zerstörungen und Verwüstungen entfalle auf die letzten Monate des Jahres, allein an Weihnachten seien mindestens zwölf Menschen um Leben gekommen und 113 Häuser zerstört worden. Was zur gleichen Zeit im Kongo geschah, ist nicht bekannt. Es fehlt an einer verlässlichen statistischen Erhebung. Den allermeisten Betroffenen dort wie auch in Ruanda werden die Verluste nur als eine weitere Kalamität in ihrem zumutungsreichen Leben vorkommen. Vom Klimawandel und seinen Folgen haben sie noch nichts gehört. Auch nichts von dessen Verursachern. So ist es bei dem Besucher aus der weißen Welt allein, sich Gedanken über die Zufälligkeit von Lebenschancen zu machen, und jedes Mal, wenn er mit Mitbürgern aus seiner Welt darüber und über andere Bedrängnisse in diesem Teil Afrikas spricht, den immer gleichen Kommentar zu hören: »Schrecklich! So könnte ich nicht leben. Ich würde zusehen, dass ich so schnell wie möglich von dort wegkomme.«

Nur wohin? Der Weg nach Europa ist für Ruander und Kongolesen weit, zu weit, wenn man die aktuelle Liste der

Herkunftsländer von Migranten zugrunde legt. Ob sich daran etwas ändert, wenn in den kommenden Jahren die Bevölkerungszahlen weiter steigen (von, nach Berechnungen der Vereinten Nationen, gegenwärtig dreizehn Millionen in Ruanda auf über sechzehn Millionen 2030 und fast zwanzig Millionen 2014 und von neunzig Millionen im Kongo auf 120 Millionen 2030 und fast 160 Millionen 2040)? Wahrscheinlich. Ganz sicher dann, wenn wahr gemacht werden sollte, was einige Stimmen in der Entwicklungspolitik frustriert fordern. Ginge es nach ihnen, dürfe es nur noch humanitäre Hilfe im Sinne einer Überlebenshilfe bei Naturkatastrophen oder Kriegen geben, in allen anderen Fällen dürfe kein Geld mehr von Nord nach Süd fließen. Begründet wird diese resolute Haltung nicht überraschend damit, dass der Transfer von Geld und Wissen in das subsaharische Afrika nichts oder so gut wie nichts gebracht habe. Hunderte von Milliarden Dollar seien transferiert worden, die zum allergrößten Teil versandet seien, ja obendrein noch Schaden angerichtet hätten, indem sie, unbeabsichtigt zwar, aber von erstaunlicher Unbelehrbarkeit zeugend, autokratische Regime gleichwohl gefestigt hätten. Darum sei die Konsequenz, die sich vernünftigerweise aufzwinge, die, die Entwicklungshilfe schnellstmöglich abzuschaffen. Abgesehen davon, dass dadurch der paternalistischen, selbstgerechten Haltung des Nordens die Adressaten abhandenkämen, führte eine Selbstanalyse afrikanischer Fehler und Denkverbote unweigerlich zu dem Ergebnis, dass die egoistischen Profiteure der Hilfe auch in Afrika verortet werden müssten. Missbrauch der Hilfe habe auch lokale Akteure, die, an den Schalthebeln der Macht sitzend, diese ungeniert und im Gestus historisch geschuldeter Wiedergutmachung zur hemmungslosen

Bereicherung ausnützten. Weiße Bevormundung vereinige sich so mit einem schwarzen Elitenverständnis gegen die eigentlichen Adressaten der Hilfe.

Diese Kritik ist berechtigt, nicht neu und am Beispiel des Kongo von mir schon in ihren konkreten Auswirkungen thematisiert worden. Die Folgerung allerdings scheint mir grundfalsch und aus purer Verzweiflung geboren. Ich bezweifle stark, dass ein Stopp besonders finanzieller Unterstützung eine Verhaltensänderung in den betroffenen Staaten bewirken wird. Die Arroganz der Macht und des Reichtums verbindet sich dort mit in der Bevölkerung weit verbreiteter schicksalhafter Ergebenheit und Leidensfähigkeit. Verkäuferinnen, die stundenlang hinter ihrem Warenkorb am Straßenrand sitzen und sich dabei von Abgasen und aufgewirbeltem Staub vorbeifahrender Autos einhüllen lassen, Lastenträger oder Fahrradtransporteure mit abenteuerlichen Aufbauten, die nach der Devise »je größer und stärker, desto mehr Vorfahrt« zum Spielball im Verkehrsgewühl werden, mit manchmal tödlichem Ausgang, stunden-, ja tagelanger Strom- und Wasserausfall, der ein Mindestmaß an Hygiene zum Glücksfall macht. Kurzum, was als gesellschaftlich bedrohlich oder verletzend erlebt wird, ist noch in einem Stadium, das den autokratisch Herrschenden zupasskommt. Trotzdem aufkommender Protest wird unterdrückt, notfalls zusammengeschossen. Selbst an die Macht geputscht oder durch Krieg an die Macht gelangt, wissen sie um deren beginnende Gefährdung und wehren deshalb brutal den Anfängen. Und sollte es finanziell eng werden, werden politische Freunde, die autoritäre oder diktatorische Regierungsformen für die richtigen halten, bereitwillig in die Bresche springen. Stabilität verheißt allseits weiterhin

Gewinne zulasten derer, die schon vorher ausgeschlossen waren.

So geht das Leben weiter in einer Welt, die Welten von der unsrigen entfernt ist. Auf den ersten Blick nicht so sehr in Ruanda, wo das Business tagsüber und viele bunte Lichter des Nachts die Armut auf dem Land in den Hintergrund rücken, viel mehr im Kongo, wo Armut und Perspektivlosigkeit überall unübersehbar und erfahrbar sind. Nach vorsichtigen Schätzungen betrug 2018 die Zahl der Binnenflüchtlinge im Kongo ca. drei Millionen. Menschen, die vor Gewalt, Umweltkatastrophen, Willkür und Hunger geflüchtet waren, meist in größere Städte, wo sie mit Abertausenden anderen die Randbezirke bewohnen, ohne Strom, fließendes Wasser oder Kanalisation. Kurz nach achtzehn Uhr wird es dunkel, gegen fünf Uhr früh wird es wieder hell. Was in der Zwischenzeit in vielen Häusern geschieht, beschäftigt intensiv die Krankenhäuser. Körperverletzungen, Brandwunden bei Kindern infolge von Unfällen während der Essenszubereitung auf glühenden Holzkohlen und immer wieder sexuelle Gewalt, die schon lange nicht mehr auf Kriegszeiten beschränkt ist, sondern auch im Alltagsleben Frauen, Mädchen und Jungen in erschreckend hoher Zahl heimsucht. Noch ist die Zahl derer, die sich, mit ein wenig Bildung und Wissen um das bessere Leben im Norden sowie mit familiär zusammengelegtem Geld ausgestattet, auf den Weg machen, ausweislich der Statistiken nicht sehr hoch (im weltweiten Maßstab stand der Kongo 2018 auf Platz sieben der erfassten Flüchtlingszahlen, die allermeisten flohen in das nordwestliche Nachbarland Uganda, nur eine statistisch unbedeutende Zahl von Kongolesen gelangte nach Europa). Der Druck steigt jedoch und wird im Gefolge der in den nächsten Jahrzehnten zu erwartenden Bevölkerungsentwicklung weiter steigen. Das wissen auch die Bundesregierung und die Verantwortlichen auf europäischer Ebene, weshalb sie mit großer Energie daran arbeiten, in der Sahel-Zone südlich der Sahara einen Kordon zu errichten, um die Geflüchteten aus dem subsaharischen Afrika an ihrer weiteren Flucht zu hindern.

Ganz gleich, wie diese Maßnahme zu bewerten ist – ich komme darauf zurück –, schon jetzt dürfte deutlich geworden sein, dass die Aufkündigung der Entwicklungshilfe keine erstrebenswerte Option ist. Sie wäre nachgerade eine Dummheit, weil sie das Kind mit dem Bade ausschüttet. Soll nicht großen Teilen der subsaharischen Bevölkerung eine Lebensperspektive genommen werden, die wir im globalen Norden auch als eine solche bezeichnen würden, muss die Unterstützung fortgesetzt werden. In wechselseitigem Respekt und Beachtung rechtlich-moralischer Mindeststandards.

Das fordert sich leicht und macht sich als Credo auch gut in Broschüren des BMZ und angeschlossener Organisationen. Die Umsetzung jedoch, bei der die Forderung nach Glaubwürdigkeit und Nachhaltigkeit sich nicht in inhaltsleeren Formeln erschöpft, ist schwierig, weil Positionen aufgegeben werden müssen, die bequem und daher weit verbreitet und tief verwurzelt sind. Das ist mitnichten eine überraschende Feststellung. Neu ist aber, dass eine Reihe von Dingen gleichzeitig bedacht werden muss, dass sie nicht nur bedacht, sondern den Gedanken und ihren Ergebnissen auch tatsächlich Taten folgen müssen und dass die Zeit drängt, sehr sogar. Es sind vor allem drei Bereiche, in denen gedanklich gesucht und gefunden werden sollte:

Auf den ersten Bereich habe ich unter dem Stichwort »imperiale Lebensweise« bereits hingewiesen. Milliardenschwere Zuschüsse und Dumpingpreise für den Absatz europäischer Produkte lähmen die Entwicklung der Landwirtschaft in Afrika, Zollfreiheit als Folge von Wirtschaftspartnerschaftsabkommen verschärft aufgrund des ökonomischen Ungleichgewichts das Problem und erinnert fatal an den Ausspruch, mit dem der französische Schriftsteller Anatole France vor einhundert Jahren die angeblich majestätische Gleichheit vor dem Gesetz kritisierte, die es »Reichen wie Armen verbietet, unter Brücken zu schlafen, auf den Straßen zu betteln und Brot zu stehlen«. Aber Gleichheit auf dem uns bekannten Niveau kann ohnehin nicht das Ziel sein. Ressourcenverbrauch und Emissionen zwingen zu einer Verhaltensänderung auf beiden Seiten. Das betrifft Lebensführung und wirtschaftliche Strategien im globalen Norden, konfrontiert aber auch den Süden mit der Notwendigkeit, das Aufstiegsversprechen nach dem Vorbild des Nordens nicht länger als erstrebenswertes Ziel zu begreifen. Für viele, sehr viele, eine Zumutung und ein Aberwitz. Auf Annehmlichkeiten im Wohlstand und selbstgewährte Belohnungen zu verzichten, ist schwierig, sie nicht einmal anstreben zu dürfen, wo doch materielle Entwicklung über Jahrzehnte die Losung war, ist vermutlich noch schwieriger. Der Vorwurf, Wasser zu predigen, aber Wein zu trinken, liegt in der Luft. Ohne eigene ernsthafte und merkliche Anstrengungen wird der Appell des Nordens wirkungslos bleiben, der ja letztlich ein Appell ist, dem selbst praktizierten Wohlstandsmodell, mit dem auch eine relativ lange Lebenszeit ohne existenzbedrohende Armut oder Gesundheitsgefährdung einhergeht, nicht zu folgen. Aus dieser Legitimationsfalle heraus wird nur eine Lebensweise führen, die richtigerweise »solidarisch« genannt wird. Das klingt reichlich unbestimmt, doch nicht zum ersten Mal könnte ein Begriff eine Kraft entwickeln, die Veränderungen bewirkt. Und was heißt Entwicklungszusammenarbeit, wenn sie ernstgenommen werden will, denn anderes, als gemeinsam die bekannten Formen des (materiellen) Wohlstands mit jeweils angepassten Inhalten zu füllen?

Den zweiten Bereich, der im Prozess des Nachdenkens eine wichtige Rolle spielt, möchte ich mit einem Zitat einführen. Es nimmt Bezug auf das eben Gesagte und lautet: »Afrika muss diese unreife Epoche hinter sich lassen, in der sich die Nationen keine andere Fragen stellten als die nach der Menge des jährlich produzierten oder geraubten Reichtums und die nach ihrem Rang unter den Räubern in Ali Babas Höhle. Dringlich ist einzig, dass sich Afrika auf der Höhe seines Potenzials bewegt und dass es dieses Potenzial vollständig verwirklicht, in allen Bereichen, zunächst für sich selbst und dann für die übrige Welt. Afrika hat seine Entkolonisierung zu verwirklichen mittels einer fruchtbaren Begegnung mit sich selbst, den Blick nach innen richtend, um sich selbst zu erwecken.« (Sarr, S. 152).

Afrotopia ist der Titel des Buchs, aus dem dieses Zitat stammt. Und der Autor entwirft darin in der Tat eine Utopie, keine ferne, unerreichbare, vielmehr eine, wie er sagt, »aktive Utopie«, die Afrikas Möglichkeiten aufstöbert und fruchtbar werden lässt. Der Identität beraubt durch die Kolonialzeit, in Abhängigkeit gehalten durch wirtschaftliche Ausbeutung und ein andauerndes Gefühl von Minderwertigkeit, das sind nach Sarr die Merkmale, die auch heute noch im Leben einer jeden Afrikanerin, eines jeden Afrikaners vorhanden sind, in unterschiedlicher Intensität, doch in der Summe so, dass die Welt zwischen Schwarz und Weiß eine von gefühlter Unter- und Überlegenheit ist. *Ausgang aus der langen Nacht* nennt ein anderer Autor, Achille Mbembe, sein Buch über ein entkolonisiertes Afrika. »Welterschließung« ist darin ein Schlüsselwort, die Befreiung von kolonialem Denken und kolonialen Verhaltensweisen, die beide tiefverwurzelt in afrikanischen Menschen, ja von diesen internalisiert worden seien. Wie recht er hat. »Papa« und »Patron« sind zwei Begriffe der Ehrbezeugung, auf die ich im Kongo und auch in den ländlichen Teilen Ruandas tagtäglich stoße. »Papa« drückt Respekt aus, ist ein Begriff, den jemand verwendet, der einen Unterschied markieren will zwischen sich und einem höhergestellten Gegenüber. Womit ich ihn verdient habe, weiß ich nicht, doch habe ich mittlerweile oft erfahren, dass die Ehrbezeugung aus Sicht des Sprechers zugleich mit einer Verantwortungszuweisung zusammengeht. Kommt es zu einer Notsituation, fehlt Geld oder mangelt es an Unterrichtsmaterial, ist »Papa« der erste Adressat. Von Krankheits- oder Todesfällen gar nicht zu reden. Als »Patron« tituliert zu werden, hat dieselben Folgen. Eine kleine Spende für ein Projekt, und unversehens ist man Arbeitgeber, Schutzherr für alle, die am Projekt beteiligt sind, und das in fast allen Lebenslagen. »Il est fort«, er ist stark, heißt es, wenn die Erwartungen erfüllt werden, scheinbar unbekümmert um das gleichzeitige Eingeständnis, selbst schwach und unterlegen zu sein. Darauf angesprochen, ist Verlegenheit, Scham und manchmal auch kaum unterdrückte Wut die Reaktion. Die Verhältnisse sind, wie sie sind, und von der Familie, die selbst nichts hat, oder vom Staat ist nichts zu erwarten.

»Welterschließung« klingt in diesem Kontext wie ein Konzept von einem anderen Stern. Weltfremd und bestenfalls gehörig naiv. Zu weit erscheint der Weg vom bedrückenden Leben in einem kongolesischen Dorf zu einer selbstbewussten Haltung, die ein Leben in Würde erlaubt. Die Herausbildung einer Mittelschicht, die als Impulsgeber und generell als Katalysator dienen könnte, braucht geeignete ökonomische Rahmenbedingungen. Die gibt es im Kongo nicht und in Ruanda erst in Ansätzen (in Kigali zum Beispiel standen 2019 Wohnsiedlungen leer, bis man begann, die Wohnungen und Häuser, die ab 100.000 US-Dollar aufwärts kosten sollten, an ruandische Armeeangehörige zu verkaufen oder zu vermieten; Kleinwagen, die von VW in Kigali zusammengesetzt werden, finden kaum Absatz, es fehlt das Geld). Sarr und Mbembe und mit ihnen viele andere Protagonisten eines afrikanischen Aufbruchs wollen darum zuallererst auf Afrika selbst schauen, auf seine Kultur und Kraft. *Ubuntu*, das am Gemeinwohl und der Gemeinschaft orientierte Verhalten des Einzelnen, soll das Ferment eines stolzen, postkolonialen Afrikas sein, nicht der zerstörerische Kapitalismus, der den Afrikaner zum Sklaven und zum Objekt gemacht hat. Nicht allein der Westen habe das Monopol auf die Zukunft, sagen sie, und, noch konkreter: »Wenn die Afrikaner aufstehen und gehen wollen, müssen sie früher oder später woandershin blicken als nach Europa.« (Mbembe, 2016, S. 302)

Es wird nicht einfach sein für eine künftige europäische und deutsche Entwicklungspolitik, mit diesem radikal neuen Zivilisationskonzept umzugehen. Mit guten Gründen mag in Frage gestellt werden, dass alternativ zu Europa China, Indien oder Russland geeignetere

Partner für Afrika sind. Doch ist damit allein nicht viel gewonnen. Den Vorteil einer Kooperation mit Europa herauszustellen, ist die eigentliche Aufgabe. Sie kann überhaupt nur erfolgreich angegangen werden, wenn die bereits oben gegebene Antwort um eine weitere ergänzt wird: Es ist überfällig, Afrikaner, Schwarzafrikaner zumal, als Menschen mit den gleichen Rechten, Hoffnungen und Wünschen anzuerkennen, wie wir sie uns mit Selbstverständlichkeit zuschreiben. Das zu sagen, wirkt getragen und beinahe pastoral, aber der Rassismus saß tief und hat ein langlebiges Erbe. In großer Arroganz und/oder verbrecherischer Dummheit haben wir uns von der Überzeugung, Afrika sei lediglich ein unerschöpfliches Arbeitskräftereservoir, zur nächsten Überzeugung, Afrika sei wild und kulturlos (Hegel: »kein geschichtlicher Weltteil«, »ganz im natürlichen Geiste befangen«), bis zur Überzeugung bewegt, nur unter unserer fürsorglichen Begleitung gediehen die neuen Staaten Afrikas aufs Beste. Jetzt müssen wir – und wenn Einsicht nicht hilft, dann der zu erwartende Migrationsdruck – die einfache Wahrheit anerkennen, die vor gut siebzig Jahren, die Dekolonisation Afrikas hatte eben begonnen, Frantz Fanon ungeduldig einforderte: »Der Neger ist nicht. Ebenso wenig der Weiße.« Anders ausgedrückt: Wir sind gleich. Sie sind wir und wir sind sie.

Von dieser Feststellung ist es nur ein kleiner Schritt zu dem dritten und letzten Bereich, in dem ich die dringende Notwendigkeit vertieften Nachdenkens verorte. Er betrifft die Rolle und Bedeutung von Menschenrechten in der Entwicklungspolitik. Broschüren des BMZ über einen »Marschallplan mit Afrika« zufolge oder nach dem allgemeiner gehaltenen Website-Auftritt des

Ministeriums kommt der Achtung von Menschenrechten eine besondere Bedeutung zu. Ausdrücklich hebt das BMZ seine Selbstverpflichtung hervor, »die Entwicklungszusammenarbeit konsequent an den Menschenrechten auszurichten«. Aber um welche Menschenrechte geht es überhaupt? Welche Rechtskraft, welchen Grad an Verpflichtung haben sie?

Auskunft geben hier zwei Rechtstexte, der »Internationale Pakt über bürgerliche und politische Rechte«, auch Zivilpakt genannt, und der »Internationale Pakt über wirtschaftliche, soziale und kulturelle Rechte«, auch unter dem Namen Sozialpakt bekannt. Beide sind 1976 in Kraft getreten und werden üblicherweise als umfassende Konkretisierung der lediglich deklaratorisch gedachten »Allgemeinen Erklärung der Menschenrechte« von 1948 verstanden. Als erstes Individualrecht wird im Zivilpakt das Recht auf Leben genannt, gefolgt von dem Verbot, einen Menschen zu foltern oder sonst einer grausamen, unmenschlichen oder erniedrigenden Behandlung oder Strafe zu unterwerfen. Verboten sind weiterhin Zwangsarbeit und die willkürliche Festnahme und Inhaftierung. Gedanken-, Gewissens- und Religionsfreiheit müssen gewährt werden, desgleichen die Meinungsfreiheit sowie die Versammlungs- und Vereinigungsfreiheit. Im Sozialpakt wird zunächst das Recht auf Arbeit genannt, sodann das Recht auf soziale Sicherheit, das Recht auf einen angemessenen Lebensstandard, einschließlich ausreichender Ernährung, Bekleidung und Unterkunft, sowie des Rechts auf Gesundheit und auf Bildung.

Die Auflistung, obwohl nur eine Auswahl, lässt bereits vermuten, dass nicht alle Rechte das gleiche Gewicht und folglich nicht die gleiche Rechtskraft haben. Es ist zu unterscheiden, ob die Rechte sogenanntes »zwingendes Völkerrecht« sind und mithin unter allen Umständen zu beachten sind oder ob sie, obwohl in einem Vertrag festgehalten, Recht einer niederen Rangstufe sind. Die große Mehrheit der Staaten (173 und 169, Stand September 2019) haben die Pakte ratifiziert und damit erklärt, dass sie innerstaatlich gelten sollen. Wie sie die innerstaatliche Beachtung sicherstellen, ist den Staaten jeweils selbst überlassen. Sie verfügen insoweit über eine *domaine réservé*, die sich aus dem völkerrechtlichen Souveränitätsverständnis von Staaten ergibt. Allerdings ist dieser Bereich umso kleiner, je stärker die Rechtskraft eines Rechts ist. Ein Staat kann sich nicht auf seine Souveränität berufen, wenn seine Organe morden oder foltern, sehr wohl aber, wenn es in Fragen der Gesundheit, der Bildung oder der Beschäftigungsquote aus Sicht dritter Staaten Defizite gibt. Das gilt auch bei der Meinungs- oder Versammlungsfreiheit. Umgekehrt bedeutet das, die Einwirkungsmöglichkeiten dritter Staaten sind bei diesen Rechten begrenzt, wollen sie sich nicht des Vorwurfs aussetzen, sich in die inneren Angelegenheiten eines anderen Staates einzumischen, was ein ebenfalls völkerrechtlich abgesichertes Verbot ist. Steht hingegen der Vorwurf systematisch begangener Morde oder Folter im Raum, können sich Drittstaaten sehr wohl zur Einmischung berufen fühlen. Zwingende Völkerrechtsnormen entfalten eine Wirkung »zwischen allen« (*erga omnes*), im äußersten Fall ist ein Staat, der weder durch die Staatsangehörigkeit des Opfers, des Täters oder durch den Tatort betroffen ist, sogar befugt, den Verantwortlichen eines solchen massiven Völkerrechtsverstoßes vor eines seiner Gerichte zu stellen. Man sieht, der Menschenrechtsbegriff ist ein weiter Begriff und mit der

Zusicherung, »die Entwicklungszusammenarbeit konsequent an den Menschenrechten auszurichten«, kann dieses oder jenes gemeint sein. Was in der deutschen Entwicklungspolitik genau gemeint ist, wird indes auch dann nicht klarer, wenn wir auf der Website des BMZ die Erklärung des zuständigen Ministers lesen: »Menschenrechte sind für alle Länder die Grundlage für eine demokratische, wirtschaftliche und kulturelle Entwicklung. Ihre Einhaltung führt zu mehr Stabilität, Frieden, wirtschaftlicher Entwicklung und nachhaltiger Armutsreduzierung.«

Versuchen wir also, uns vermittels der Realität Aufschluss zu verschaffen. Zum Kongo lesen wir auf der Website des BMZ, dass die Zusammenarbeit mit der Regierung des Kongo ausgesetzt ist.[*] Die Machtmanipulationen des früheren Kabila-Regimes, die eklatanten, von der Regierung zu verantwortenden Missstände machten Verhandlungen, die zielführend sein wollen, unmöglich. Die Entwicklungszusammenarbeit sei deshalb ausschließlich regierungsfern ausgerichtet, unterstützt würden Projekte auf Provinz- und Gemeindeebene, wobei die enge Kooperation mit der Zivilgesellschaft Voraussetzung sei. Ziel sei es vor allem, »die Lebenssituation der Bevölkerung unmittelbar zu verbessern, den Frieden im umkämpften Ostkongo zu fördern und den Tropenwald zu schützen«. Dazu würden die geeigneten Maßnahmen finanziert und/oder personell und fachlich begleitet. – Wir sehen, Deutschland fördert im Kongo aktiv den Schutz und die Durchsetzung von Menschenrechten (Rückschläge, wie unser

---

[*] http://www.bmz.de/de/laender_regionen/subsahara/demokratische_republik_kongo/index.jsp, zuletzt aufgerufen am 22.1.2020.

Hilfe, Zusammenarbeit und Entwicklung

Verein sie in Muku erlebt hat, sind natürlich nicht ausgeschlossen). Bildung, Gesundheit, Umweltschutz sind die Schlüsselbegriffe, ein menschenwürdiges Leben und Frieden für die Kongolesinnen und Kongolesen die Hoffnung, die das gesamte Vorhaben leitet. Kein Geld gibt es hingegen für den Staat, der gravierende Menschenrechtsverletzungen in Form von willkürlichen Verhaftungen, Folter und Morde an Oppositionellen begangen hat und weiterhin auf gewaltsame Repression setzt. Es besteht kein Zweifel: Deutschland und das BMZ verlieren im Kongo den mehrschichtigen Menschenrechtsbegriff nicht aus den Augen. Hilfe, wo Defizite bei der Inanspruchnahme von Menschenrechten beseitigt werden können. Keine Hilfe – was als absichtsvolle Sanktion gedacht werden könnte –, wo die Gefahr andauernder massiver Verstöße gegen elementare Menschenrechte besteht. Die *Erga-omnes*-Betroffenheit zeigt Wirkung.

Nehmen wir nun Ruanda in den Blick. Dass das Land der Liebling der internationalen Gebergemeinschaft ist, habe ich schon dargestellt. Deutschland macht da keine Ausnahme. Auf der Website des BMZ lesen wir, dass Ruanda zu den Ländern gehört, mit denen die Zusammenarbeit auf der Basis zwischenstaatlich vereinbarter Verträge eng ist.[*] Schwerpunkte der Unterstützungsleistungen seien »Nachhaltige Wirtschaftsentwicklung« und »Dezentralisierung/Gute Regierungsführung«, beides nach Maßgabe der von Ruanda selbst aufgestellten Entwicklungsstrategien, der »Compact with Africa«-Initiative und des »Marschallplans mit Afrika«. Der bisherige Eindruck von der Kooperation ist äußerst positiv.

---

[*] http://www.bmz.de/de/laender_regionen/subsahara/ruanda/index.jsp, zuletzt aufgerufen am 22.1.2020.

Sie sei eine Erfolgsgeschichte, die zu weiteren Hoffnungen berechtige. »Wir werden die Zusammenarbeit in Zukunft weiter stärken«, sagte Bundesentwicklungsminister Gerd Müller im August 2019 nach einem Treffen mit dem ruandischen Staatspräsidenten Paul Kagame in Kigali. – Vergegenwärtigen wir uns die Inhalte von »Guter Regierungsführung« und der dazugehörenden Programme, sehen wir, dass auch in Ruanda die Menschenrechte gefördert und, da ist das offizielle deutsche Urteil eindeutig, durchgesetzt werden. Zu diesen Rechten gehören das Recht auf Bildung, auf Gesundheit und Umweltschutz, ergänzt um weitere Rechte aus dem Sozialpakt, die im Kongo wegen der schlechten Infrastruktur schwieriger umzusetzen sind. Der ruandische Staat kümmert sich und wird dabei von Deutschland erfolgreich unterstützt, so lautet die Botschaft, und sie ist zutreffend.

Allerdings ist dies nur die halbe Wahrheit. Von der anderen sprechen Broschüre oder der Internet-Auftritt des BMZ nur sehr gewunden und distanziert, durch Verweis auf die Meinung Dritter. Diese andere Wahrheit ist, dass Ruanda ein autoritärer Staat ist, dessen Führung das neue, postgenozidale Ruanda auf einem Narrativ aufbaut, das sich nur auf eine Sichtweise gründet, der des Regimes. Was das Regime unter Staatspräsident Kagame im Hinblick auf Vergangenheit und Zukunft für richtig hält, und zwar in jeder Hinsicht (historisch, sozial, ökonomisch, politisch), ist Gesetz. Vorbildlich erfüllt werden darf es gerne, kritisiert werden nicht, denn es geht schnell ums Ganze, um das Selbstverständnis des Staates, wie Kagame und sein »inner circle« es definieren. Dann drohen Haft, Folter, Mord und physische Auslöschung durch Verschwindenlassen. Nicht vereinzelt, sondern systematisch. Die Jahresberichte von *Amnesty International* oder *Human Rights Watch* geben hier beredt Auskunft. In einem Staat, der von oben bis unten durchorganisiert ist, von der Provinz, über den Distrikt, den Sektor, die Zelle bis runter zum *Nyumbakumi*, dem Verantwortlichen für zehn Häuser, gibt es kein Entkommen (als ein deutscher Botschafter 2019 in einer privaten Mail ein kritisches Wort über das System Kagame verlor, musste er das Land verlassen; die Mail war vom ruandischen Geheimdienst abgefangen worden) und sind Wahlergebnisse nahe hundert Prozent nicht verwunderlich. Es ist, wie Siegfried Lenz es in der Erzählung *Ein Freund der Regierung* beschrieb: Hinter der strahlenden Fassade lauert die Gewalt. Jedoch nicht dumpf und unbeholfen wie im Kongo, sondern smart und effizient.

Auch hierbei wird der ruandische Staat von Deutschland unterstützt. Ausbildungsprogramme für Polizisten, Fortbildungen für Soldaten der ruandischen Armee und – indirekt durch die wirtschaftliche Zusammenarbeit seitens des BMZ – in Form der Stärkung eines Staates und seiner finanziellen Entlastung, die es ihm erlaubt, Gelder für andere Zwecke freizumachen. Er kann seine Politik, die in erheblichem Maße und seit Jahren gegen elementare Menschenrechte verstößt, fortsetzen. Die *Erga-omnes*-Betroffenheit löst sich im Interessengeflecht auf. Was im Kongo angesichts von Staatsgewalt unausweichliche Konsequenz war, die Aufkündigung der fördernden Regierungszusammenarbeit, ist es in Ruanda nicht. Wie erstaunlich (und für einige beruhigend) es doch ist, dass der Menschrechtsbegriff so flexibel gehandhabt werden kann.

Wie weiter?
Eine Antwort, die gegeben werden muss

Vor ein paar Jahren war ich zu einem Afrikafestival eingeladen, das auf dem Berliner Alexanderplatz stattfand. Ich nahm teil an einer Podiumsdiskussion über die mögliche Vorbildfunktion Ruandas für andere zentral- und ostafrikanische Staaten. Die Argumente prallten aufeinander, eine Verständigung war nur schwer möglich und schließlich gänzlich unmöglich, als das Publikum in die Diskussion einbezogen wurde. Es fehlte nicht viel und man wäre handgreiflich geworden. Jeder Fortschritt in Ruanda wurde in Abrede gestellt, Defizite dort und in angrenzenden Ländern schlankweg geleugnet oder wortreich wegerklärt, und ein häufig zu hörender Topos war, dass an den ganzen Problemen sowieso nur die Weißen schuld seien. Ohne sie gäbe es keine Probleme in Afrika. Reichlich genervt von so großer Bereitschaft zur Plattitüde, sagte ich schließlich den folgenden Satz: »Der größte Feind des Afrikaners ist der Afrikaner.« Stummes Erstaunen, dann ein kollektiver Aufschrei. Im Nu wurde ich, fast der einzige Weiße im Veranstaltungszelt, zur Zielscheibe heftigster Attacken aller Anwesenden: ob nun Kongolese, Kamerunerin oder Ruanderin, Kagame in Ruanda wohlgesonnen oder nicht.

Natürlich war mein Satz ein dummer Satz. Es tut mir heute noch leid, dass ich mich dazu habe hinreißen lassen, ihn laut zu sagen. Als Gast. Auf einer afrikanischen Veranstaltung. Ich war kurz zuvor aus dem Kongo zurückgekommen und wieder einmal mit kongolesischer Korruption konfrontiert worden. Zusammen mit dem Leiter unseres Partnervereins war ich in Muku in einem Auto, dem dort schon klassischen Toyota Landcruiser, unterwegs gewesen, er am Steuer, ich auf dem Beifahrersitz. In einem Kreisverkehr wurden wir angehalten. Ein Polizist hatte sich so vor das Auto gestellt, dass wir ihn nicht umkurven konnten. Verkehrskontrolle, nur für uns. Zwei andere Polizisten kamen hinzu. Doch für den Zustand des Autos interessierten sich alle drei nicht. Nur das vordere Kennzeichen zog ihre Aufmerksamkeit auf sich. Die schwarze Farbe einer Ziffer war abgeschabt, so dass man sie schlecht lesen konnte. Eine Belanglosigkeit, verglichen mit den Mängeln, mit denen Autos sonst im kongolesischen Straßenverkehr unterwegs sind. Aufgeregt kam einer der Polizisten zum Fahrer, murmelte etwas von Manipulation und forderte ihn barsch auf, ihm das Steuer zu überlassen. Die zwei anderen setzten sich hinter mich, grimmig blickend, wie es sich ihrer Meinung nach bei einer schweren Straftat gehört. Der Polizist am Steuer fuhr mit uns ein bisschen herum und hielt in einer unbelebten Seitenstraße. Es folgten langatmige Ausführungen über die Bedeutung von Kennzeichen im Straßenverkehr und die Verruchtheit von Tätern, die diese fälschten, um mit dem Auto Böses zu unternehmen. Abzocke durfte eben keine Abzocke sein. 300 Dollar musste ich bezahlen, hundert für jeden der kongolesischen Gesetzeshüter, deutlich mehr, als jeder von ihnen im Monat verdiente, und vor allem Geld, das nun für Projekte zugunsten ihrer Landsleute fehlte.

Wenige Tage später machte ich dieselbe Erfahrung noch einmal. Der Schulaufsicht in Bukavu wollte ich zusammen mit zwei Mitgliedern des Partnervereins unsere Pläne für den Schulneubau vorstellen. Offensichtlich sehr angetan von unserem Vorhaben, beugte sich der Schulinspektor, der die siebzig schon weit überschritten hatte, über die Pläne. »Die Breite der Klassenräume stimmt nicht«, sagte er plötzlich und nannte Zahlen aus irgendeiner Vorschrift der Provinzverwaltung, von der unsere Angaben, sehr großzügig und für maximal fünfzig Schüler bemessen, angeblich abwichen. Die angebliche Abweichung war gering und die Klassenräume hatten, verglichen mit dem kongolesischen Normalzustand – über achtzig Schüler in einem Raum, eng nebeneinander auf Bänken oder auf dem Boden sitzend – immer noch eine Idealabmessung und stimmten voll und ganz mit internationalen Vorgaben überein. »Die Räume sind zu klein«, beharrte der Inspektor und fügte hinzu, er wolle sich gar nicht vorstellen, auf was er noch alles stieße, wenn er sich näher mit der Schule und ihrer rechtlichen Anerkennung befasste. Eine kaum verhohlene Aufforderung an mich, zu zeigen, dass ich *fort*, stark, bin und einen unserem Fehler angemessenen Geldbetrag zurücklassen kann. Das tat ich. Was blieb mir anderes übrig.

Ich weiß, die Gehälter im Kongo reichen kaum zum Überleben, werden nur unregelmäßig ausgezahlt, Pensionsleistungen sind die große Ausnahme und Elend macht auch keine besseren Menschen. Alles bekannt. Dennoch reicht es irgendwann einmal und dieses Irgendwann war bei mir in Berlin. Daran, dass meine Bemerkung dumm war, ändert das nichts. Sie stellte fast alles auf den Kopf, was ich gesehen und hier beschrieben habe. Es ist an denen, die wirklich stark sind, die die ökonomische, finanzielle und auch politische Macht haben, den ersten Schritt in die nun endlich richtige Richtung zu tun. An uns also. Solidarität ist das Schlüsselwort, nicht Partnerschaft, ein politisch leerer Begriff, der, um Entwicklungszusammenarbeit glaubhaft zu machen, seit Jahren bemüht wird und zuletzt noch mit dem Attribut »wirksam« eine Aufwertung erfahren sollte. Solidarität ist vonnöten, Solidarität als Imperativ im Klima- und Umweltschutz, in den Handelsbeziehungen, im Zusammenleben zwischen Schwarz und Weiß zur Beseitigung der ungleichen Machtstrukturen* und in den Menschenrechten zur Beseitigung opportunistischer Blindheit.

Neu ist diese Einsicht keineswegs. In der Charta der Vereinten Nationen, 1945 unter dem Eindruck des Zusammenbruchs der Fundamente internationaler staatlicher und sozialer Koexistenz geschrieben, heißt es in Artikel 1, dass es das Ziel dieses Zusammenschlusses von Staaten sei, »eine internationale Zusammenarbeit herbeizuführen, um internationale Probleme wirtschaftlicher, sozialer, kultureller und humanitärer Art zu lösen und die Achtung vor den Menschenrechten und Grundfreiheiten für alle ohne Unterschied der Rasse, des Geschlechts, der Sprache oder der Religion zu fördern und zu festigen.« Andere Artikel der Charta (55, 62) knüpfen an dieses Ziel an und präzisieren es.

---

* Nicht nur nebenbei sei bemerkt, dass ich kein Anhänger der *critical-whiteness*-Theorie bin. Abgesehen davon, dass ich nach dieser Theorie als männlicher Weißer ohnehin unter Generalverdacht stehe, ebnet diese Theorie bestehende Unterschiede in der schwarzen Welt ein (Opfer sind Schwarze, aber Täter sind auch Schwarze, zum Beispiel brutale und korrupte Herrscher, die nicht von Weißen gezwungen werden, sich so zu verhalten, wie sie sich verhalten) und gerät über die propagierte Ausgrenzung von Weißen selbst in die Nähe eines Denkens, wie es mir vom Rassismus bekannt ist.

Allerdings verschwand diese Einsicht bald in der Systemkonfrontation des Kalten Kriegs. Der Gedanke an eine internationale Kooperation wich dem Streben nach einer Vormachtstellung, die aus Gründen der Geschlossenheit im eigenen Lager alles zu rechtfertigen vermochte, im gegnerischen jedoch unaufhörlich das Böse am Werk sah. Menschenrechte, im antikolonialen Befreiungskampf von großer argumentativer Wucht, spielten aus Sicht der neuen Machthaber in den früheren Kolonien nur eine untergeordnete Rolle. Machtsicherung zählte, nicht das eigene Volk. Mit brachialer Gewalt sollte Entwicklung her, die doch gewöhnlich nichts anderes war als die Imitation westlichen Wohlstands und Luxus durch eine kleine Elite. Der Fortschrittsoptimismus nach westlichem Vorbild funktionierte nicht. Schon in den 1960er Jahren warfen kritische Stimmen aus der »Dritten Welt« der westlichen Entwicklungspolitik vor, die kolonialen Ausbeutungsverhältnisse bloß verlängert, die Korruption befördert und das Wohl der Menschen in den ehemaligen Kolonien aus den Augen verloren zu haben. Im selben Atemzug warfen sie der westlichen Kritik an der desolaten Menschenrechtssituation in vielen Ländern Afrikas Doppelzüngigkeit und eine gehörige Portion Heuchelei vor, da es das vom Westen mit Überzeugung betriebene liberal-kapitalistische Wirtschaftssystem sei, das für die Missstände verantwortlich sei und dem augenscheinlich auch, wenn hohe Gewinne lockten, eine üble Menschenrechtslage nicht im Weg stünde. Erst wenn die wirtschaftliche Bevormundung aufhöre, gäbe es die Chance auf eine für weitaus mehr Menschen vorteilhafte Entwicklung. Mit anderen Worten, erst müssten die Rechte aus dem Sozialpakt verwirklicht werden, dann könne man über bürgerliche und politische Rechte reden.

Einer, der versuchte, beide Pakte zusammen zu denken, und eine Priorität des einen über den anderen ablehnte, war der senegalesische Jurist Kéba M'Baye, Präsident des obersten Gerichtshofs des Senegal, Mitglied der Menschenrechtskommission der Vereinten Nationen und zuletzt Richter am Internationalen Gerichtshof in Den Haag. Seine Überlegungen, die er vor fast fünfzig Jahren erstmals anstellte, normativ weiterentwickelte und die unter dem Namen »Recht auf Entwicklung« bekannt wurden, lesen sich heute wie längst überfällige Handlungsziele für die Regierenden der Welt.

Im Kern sind es drei Punkte, die Inhalt und Reichweite des von M'Baye konzipierten Rechts bestimmen. Sie ergänzen und verstärken sich wechselseitig und bilden eine Einheit von Forderungen, die rechtlich als Anspruch der früheren Kolonien und damit korrespondierender Verpflichtung der Industrienationen konstruiert sind. Ausgangspunkt ist die Unrechtserfahrung, die eine *Entschädigung* begründe, für die die Industrienationen wegen ihrer Kolonialverbrechen und exorbitanten Gewinne aus ungleichen Handelsbeziehungen aufkommen müssten. Die Folge davon sei ein größerer Wohlstand in den jungen Staaten, der, auch indem er Mittel für ein Mindestmaß an Wohlfahrt bereitstellen könne, Stabilität schaffe, welche ihrerseits der internationalen *Sicherheit* und dem *Frieden* dienlich sei. Gewissermaßen Motor dieser ersten zwei Punkte ist das moralische, aus dem Universalismus menschlicher Gleichheit stammende Gebot der *Solidarität*, das aus der Erkenntnis des Vorteils für alle in einem solidarischen Weltzustand seine Kraft bezieht. Die notwendigerweise damit Hand in Hand gehende Herausbildung einer globalen Entwicklungsethik setze, so M'Baye, die zunehmende Verschränkung von kollektiven und individuellen Rechten voraus. Während Menschenrechte sich an den Einzelnen richteten und der Staat nach dem Völkerrecht und dem nationalen Recht zu ihrer Beachtung verpflichtet sei, richtete sich nach gängiger Ansicht die Festlegung und Umsetzung von Entwicklungskonzepten an Staaten, der Einzelne sei lediglich ein Objekt in diesem Prozess. Eine Annäherung und schließlich Überschneidung zwischen dem staatlichen und dem internationalen Bereich sei jedoch möglich und schon in anderen Regelungsbereichen des Rechts nicht ungewöhnlich, so im Bereich wirtschaftlicher und sozialer Rechte. Dieser Aspekt müsse in der Entwicklung stärker gemacht werden, denn Entwicklung betreffe in erster Linie das Individuum, könne aber ohne die kollektive Dimension des Rechts nicht erreicht werden. Entwicklungsfragen und Menschenrechtsschutz sah M'Baye darum als eine Einheit. Entwicklungsgesetze, auf die sich Entwicklungsdiktaturen gerne berufen, um Menschenrechte vorgeblich temporär zu suspendieren, lehnte er ab, desgleichen die Fixierung auf das wirtschaftliche Wachstum. Entscheidend sei die Verbesserung des individuellen Lebensstandards. In einer Empfehlung, die heutigen Modellen einer alternativen Lebensweise entnommen sein könnten, bemerkte er, »[t]he aim of life is not growth but happiness«.

Das Recht auf Entwicklung hat sich nicht durchgesetzt. Zwar verabschiedete die Generalversammlung der Vereinten Nationen 1974 eine Erklärung über die Errichtung einer »Neuen Weltwirtschaftsordnung« und eine Charta der wirtschaftlichen Rechte und Pflichten der Staaten, aber die westlichen Staaten sperrten sich energisch gegen die geforderten Konzessionen bei der Schuldenkürzung, der Entwicklungshilfe oder der Verfügungsmacht über Ressourcen. 1986 wiederholte sich das Szenario. Die Generalversammlung votierte für ein Recht auf Entwicklung, die Industriestaaten enthielten sich oder stimmten dagegen, obwohl die Erklärung auf ihr Drängen schon keine gehaltvollen Rechte oder Pflichten mehr enthielt. Die Hoffnung, zu einem neuen Entwicklungsverständnis zu gelangen, das nicht auf quantitatives Wachstum und das westliche Konsumniveau als allein nachahmenswertes Modell setzt, war zerstoben.

Wenn ich weiter oben einleitend zu meiner Darstellung des Rechts auf Entwicklung und seines bekanntesten Protagonisten Kéba M'Baye geschrieben habe, dass dieses Recht sehr Bedenkenswertes für zeitgenössische Regierungsverantwortliche bereithält, reizt das vermutlich auch zu Widerspruch. Ich räume gerne ein, dass unter denjenigen, die lautstark ein solches Recht als Menschenrecht forderten, viele waren, denen Menschenrechte, wenn sie die eigene Macht bedroht sahen, nichts bedeuteten. Außerdem war das Recht auf Entwicklung in seinen völkerrechtlichen Implikationen überaus herausfordernd. Zu einer Zeit, in der die Staaten die einzigen Völkerrechtssubjekte waren und der Umfang der individuellen Menschenrechtsgewährung von ebendiesen Staaten abhing, von wiederum ebendiesen Staaten zu verlangen, auf eine eigene rechtlich abgesicherte Machtposition zu verzichten und im Zusammenspiel kollektiver und individueller Rechte die Rechtsstellung des Individuums völkerrechtlich aufzuwerten, war ein sehr gewagtes, doch keinesfalls blauäugiges Unternehmen. Vieles musste unklar bleiben. An der grundsätzlich richtigen Zielrichtung des Konzepts ändert das gleichwohl nichts (insofern erinnert es an die Rezeption des *Club-of-Rome*-Berichts *Die Grenzen des Wachstums* von 1972, dem seinerzeit Politik und Wirtschaft auch heftig widersprachen). Die Alternative zur Weigerung, heute nun endlich globale Ethik als verbindlichen Richtwert in der Nord-Süd-Zusammenarbeit anzuerkennen, wäre schlicht fatal. Konsumarroganz, Herrenmenschenattitüde und Menschenrechtsopportunismus hießen die Hauptingredienzien eines künftigen Menschheitsdramas, dessen diverse Szenen sich nur in den dunkelsten Farben ausmalen lassen.

Doch Kassandrarufe führen nicht weiter. Es geht um Handlung, basierend auf Erkenntnis. Kehren wir daher von der globalen auf die nationale Ebene zurück und zu den beiden Staaten, die hier den Bezugsrahmen bilden. Und zu dem Bereich, in dem sinnvollerweise in der Entwicklungszusammenarbeit eine Korrektur erfolgen müsste, schnell und ohne auf ein geändertes Konsumverhalten oder eine effektive sozialanthropologische Gleichstellung von weißen und schwarzen Menschen zu warten. Ich spreche von den Menschenrechten und ihrer offensichtlich je nach Eigeninteresse unterschiedlichen Bedeutung. Anders als in der Frage, ob in einer konkreten Situation, in der zum Beispiel das für eine Projektarbeit gedachte Geld unterschlagen wurde, das Projekt im Interesse der betroffenen Gemeinschaft trotzdem fortgeführt wird oder nicht, geht es hier nicht um eine derartige dilemmatische Situation. Ein elementarer Menschenrechtsverstoß bleibt ein elementarer Menschenrechtsverstoß. Der verharmlosende Hinweis, die Umstände erlaubten noch nicht die Zulassung demokratischer Verhältnisse oder es gebe eben eine besondere Form der afrikanischen Demokratie, ist Täuschung, Selbstbetrug oder bequeme Ausrede. Wie schon Aristoteles in seiner *Nikomachischen Ethik* formulierte, lernt man Harfe spielen durch Harfe spielen und nicht dadurch, dass man darauf wartet, »reif« genug für ein Kennerschaft bezeugendes Spielen zu sein. Autoritäre, diktatorische Staaten treten nicht ein in eine Phase kritischer, menschenrechtsbewegter Selbstreflexion und praktizieren eine demokratische Öffnung, weil das ihre Existenz gefährden würde. Sie reihen stattdessen Erfolge an Erfolge, ernsthafte Probleme gibt es nicht, sie werden durch Repression einfach aus der Welt geschafft. Das Ergebnis sind Staaten, die nur nach außen stabil wirken. Oder die man sich, wenn Zweifel auftauchen, stabil redet. Statt offensiv für demokratische Werte einzutreten, geschieht das Gegenteil. Man arrangiert sich, umso leichter, je größer der eigene Vorteil. Aus den rohstoffreichen Staaten der Sahel-Region werden akzeptable Demokratien, die gestützt werden müssen, damit sie subsaharische Migranten aufhalten. Übersehen wird, dass die Unterstützung der korrupten, mafiotischen Regime in der Sahel-Region genau das Problem erst erzeugt oder verstärkt, das zu bekämpfen die Helfer aus dem Norden angetreten sind. Eine wachsende Schar unzufriedener Menschen entsteht, die zunehmend Sympathien für die Heilsversprechen des islamistischen Fundamentalismus zeigen.

Inwieweit darf sich ein Staat auf das Hilfeersuchen eines anderen Staates einlassen? Inwieweit darf er selbst Hilfe anbieten? In humanitären Notlagen ist die Antwort klar und bedarf keiner weiteren Erläuterung:

er darf und soll, selbst wenn dadurch die Willkürherrschaft einer inkompetenten Staatsführung stabilisiert wird. Sich nicht so zu entscheiden, an Leib und Leben bedrohte Menschen ihrem Schicksal zu überlassen, verstieße gegen das moralische Fundament der internationalen Staatengemeinschaft. Anders verhält es sich, wenn der Staat, der das Ziel von Entwicklungszusammenarbeit ist, ausweislich der übereinstimmenden Berichte von Menschenrechtsorganisationen ein notorischer Verletzer elementarer Menschenrechte und, da darüber im Staat selbst absolutes Stillschweigen verordnet werden muss, ein »unfreier Staat« ist (so 2019 die übereinstimmende Wertung der NGO *Freedom House* für den Kongo und für Ruanda). In solchen Fällen verbieten es die Ethik der Entwicklungszusammenarbeit eines liberal-demokratischen Staates, dessen völkerrechtliche Selbstverpflichtung (Deutschland beispielsweise bezeichnet sich selbst als »völkerrechtsfreundlichen Staat«) und völkerrechtliche Bindung (durch Völkergewohnheitsrecht und zwingendes Völkerrecht) jede Kooperation auf Regierungsebene. Einen autoritären Staat durch finanzielle Hilfe und technisches Wissen zu stützen und derart zu seiner Entwicklung beizutragen, ist das Gegenteil einer Entwicklung zu Freiheit und Demokratie, wie sie ursprünglich konzipiert worden war. So zu verfahren, führt in bedenkliche Nähe zum Modus der Entwicklungspolitik autoritärer Geberstaaten wie zum Beispiel der Türkei oder China. Dass es auch keinen Unterschied machen darf, ob die Verhandlungspartner aus Gebersicht an denselben westlichen Universitäten sozialisiert worden sind (so im ruandischen Fall) oder ob sie vor Machtbewusstsein dräuend auftreten (anlässlich des Staatsbesuchs Tshisekedis

Ende 2019 in Berlin war auch ein Treffen zwischen diesem und Bundesentwicklungsminister Müller vorgesehen; Tshisekedi hatte jedoch keine Lust, ins BMZ zu fahren, Müller solle stattdessen zu ihm ins Hotel Adlon kommen, was dieser jedoch ablehnte), sollte sich von selbst verstehen. Und wer meint, in autoritären Staaten mit beinahe totalitärem Zugriff auf die Bevölkerung zivilgesellschaftlich fördernd tätig sein zu können, sei an die Harfe-Metapher des Aristoteles erinnert.

Zuletzt ein Beispiel, das – den Titel dieses Buches vor Augen – jeder für sich selbst bewerten möge. In der ruandischen Gedenkstätte an den Völkermord namens Murambi ist das Niedersächsische Landesamt für Denkmalpflege in Hannover seit 2017 Kooperationspartner in einem Projekt, das an den Völkermord erinnern soll. In Murambi, auf dem Gelände einer Schule, haben im April 1994 fanatisierte Hutu ca. 50.000 Tutsi ermordet und in Massengräbern unsichtbar gemacht. In den folgenden Jahren waren einige der Massengräber geöffnet, die Toten exhumiert und zeremoniell bestattet worden. Etwa 800 Leichen, stark mumifiziert und mit Kalk konserviert, wurden nicht begraben, sondern in Klassenräumen der früheren Schule auf Bretterpritschen gelegt. Den ahnungslosen Besucher empfing ein Bild des Grauens: Männer und Frauen, Kleinkinder und Babys, teilweise noch mit Haar- oder Kleidungsresten und erkennbaren Verletzungen durch Hack- oder Schlaginstrumente, dazu ein Geruch, der in jede Pore drang. Mit Fertigstellung der Gedenkstätte, so vor Jahren die mehrfache Bestätigung durch die in der Gedenkstätte Tätigen, sollten auch die restlichen Leichen würdevoll bestattet werden. Davon ist nun nicht mehr die Rede, zumindest nicht ganz. Zwanzig der mumifizierten

Leichen, unter ihnen neun Kinder, sollen – hier beginnt die Projektbeteiligung des Niedersächsischen Landesamts für Denkmalpflege – gereinigt, für eine Langzeiterhaltung präpariert und in Acrylsärgen präsentiert werden. Die dafür erforderliche Expertise hat das Landesamt durch die Untersuchung und Konservierung von Moorleichen gewonnen.

Mitarbeiterinnen und Mitarbeiter des Landesamts sind von der Sinnhaftigkeit des Projekts überzeugt. Zunächst einmal, sagen sie, wollten es der ruandische Staat, vertreten durch die nationale Kommission für den Kampf gegen den Genozid (CNLG), sowie »die Menschen vor Ort«. Außerdem, so die Leiterin der archäologischen Restaurierungswerkstatt beim Landesamt, »[d]ass die Menschen jetzt zu sehen sind, mit ihren Verletzungen zu sehen sind, dass sie doch eine Stimme haben, eine stumme Stimme, aber eine sehr mahnende – das finde ich schon überzeugend.«*

Was ist dagegen zu sagen? Ich denke, das Folgende: Die Zurschaustellung von Leichen ist dem Totenkult in Ruanda völlig fremd. Sie wird als Störung der Totenruhe empfunden. Die Erinnerung an den Völkermord sollte der respektvollen, friedlichen Koexistenz von Hutu und Tutsi und der perspektivischen Versöhnung nicht im Wege stehen. Dass Menschen andere Menschen nicht mit Macheten, Hacken oder Keulen umbringen sollen, wissen auch die Menschen in Ruanda. Dazu bedarf es keiner Leichen in Acrylsärgen. Hinzu kommt noch, dass von den nach offizieller Zählung 308.000 Tutsi, die den

---

* https://www.deutschlandfunk.de/ruanda-nach-dem-voelkermord-der-lange-weg-zur-versoehnung.1148.de.html?dram:article_id=467335, zuletzt aufgerufen am 29.1.2020.

Völkermord überlebt haben, über achtzig Prozent von Hutu gerettet wurden. Während des Völkermords und danach (weil sie sich weigerten, am Völkermord teilzunehmen, oder später der Pazifizierung des Landes im Weg standen) wurden zudem auch viele Hutu umgebracht. Schätzungen belaufen sich auf über 100.000. All dies verschwindet beim Anblick der Acrylsärge von Murambi.

Literatur

Achermann, Barbara, Frauenwunderland. Die Erfolgsgeschichte von Ruanda, 2. Auflage, Ditzingen 2018.

Brand, Ulrich/Wissen, Markus, Imperiale Lebensweise. Zur Ausbeutung von Mensch und Natur im globalen Kapitalismus, 5. Auflage, München 2017.

Buch, Hans Christoph, Black Box Afrika. Ein Kontinent driftet ab, Springe 2006.

Bundesministerium für wirtschaftliche Zusammenarbeit und Entwicklung, Das Menschenrechtskonzept des BMZ, Mai 2011, http://www.bmz.de/de/themen/allgemeine_menschenrechte/deutsche_entwicklungspolitik/menschenrechtskonzept/index.html?follow=adword, zuletzt aufgerufen am 22.1.2020.

Collier, Paul, Die unterste Milliarde: Warum die ärmsten Länder scheitern und was man dagegen tun kann, München 2008.

»Der ewigen Opferrolle entkommen«, in: *der Freitag*, 23.12.2009, S. 8.

Duquenne, Géraldine, Multinationales sans scrupules: Le cas de Banro en RD Congo, Oktober 2019, https://www.justicepaix.be/Multinationales-sans-scrupules-Le-cas-de-Banro-en-RD-Congo, zuletzt aufgerufen am 22.1.2020.

Eckel, Jan, Die Ambivalenz des Guten. Menschenrechte in der internationalen Politik seit den 1940ern, Göttingen 2014.

Eckert, Andreas, Kolonialismus, Frankfurt am Main 2006.

Fanon, Frantz, Schwarze Haut, weiße Masken, Frankfurt am Main 1985.

Gehring, Kai/Kaplan, Lennart/Wong, Melvin, Cina and the World Bank. How contrasting approaches affect the stability of African states, Aiddata Working Paper 87, September 2019, http://docs.aiddata.org/ad4/pdfs/WPS87_China_and_the_World_Bank--How_Contrasting_Development_Approaches_Affect_the_Stability_of_African_States.pdf, zuletzt aufgerufen am 22.1.2020.

Hankel, Gerd, Leben und Neuaufbau nach dem Völkermord. Wie Geschichte gemacht und zur offiziellen Wahrheit wird, Springe 2016.

Hankel, Gerd, Ruanda 1994 bis heute. Vom Umgang mit einem Völkermord, Springe 2019.

Hegel, Georg Wilhelm Friedrich, Vorlesungen über die Philosophie der Geschichte, Werk 12, Frankfurt am Main 1986.

Kappel, Robert/Reisen, Helmut, G20 Compact with Africa, »The Audacity of Hope«, https://www.fes-tucc.org/news/study-g20-compact-with-africa-the-audacity-of-hope/, zuletzt aufgerufen am 22.1.2020.

Krause, Monika, Das gute Projekt. Humanitäre Hilfsorganisationen und die Fragmentierung der Vernunft, Hamburg 2017.

Lenz, Siegfried, Ein Freund der Regierung (1959), https://www.zeit.de/1959/14/ein-freund-der-regierung, Registrierung erforderlich, zuletzt aufgerufen am 22.1.2020.

Mbembe, Achille, Kritik der schwarzen Vernunft, Berlin 2014.

Mbembe, Achille, Ausgang aus der langen Nacht. Versuch über ein entkolonisiertes Afrika, Berlin 2016.

McMahon, Patrice C., Das NGO-Spiel. Zur ambivalenten Rolle von Hilfsorganisationen in Konfliktländern, Hamburg 2019.

Neudeck, Rupert, Die Kraft Afrikas. Warum der Kontinent noch nicht verloren ist, München 2010.

Perry, Alex, In Afrika. Reise in die Zukunft, Frankfurt am Main 2018.

Plath, Christoph, Kéba M'Bayes Arbeitspapier über das Recht auf Entwicklung (1977), in: Quellen zur Geschichte der Menschenrechte, herausgegeben vom Arbeitskreis Menschenrechte im 20. Jahrhundert, August 2018, www.geschichte-menschenrechte.de/schluesseltexte/recht-auf-entwicklung, zuletzt aufgerufen am 22.1.2020.

Polman, Linda, Die Mitleidsindustrie. Hinter den Kulissen internationaler Hilfsorganisationen, Freiburg u.a. 2012.

Reybrouck, David von, Kongo. Eine Geschichte, Berlin 2012.

Ruanda Revue. Journal der Partnerschaft Rheinland-Pfalz/Ruanda, Ausgabe 2017, https://www.rlp-ruanda.de/de/medien/ruanda-revue/, zuletzt aufgerufen am 22.1.2020.

Sarr, Felwine, Afrotopia, 2. Auflage, Berlin 2019.

Seitz, Volker, Afrika wird armregiert oder Wie man Afrika wirklich helfen kann, Neuausgabe, München 2018.

Smith, Stephen, Nach Europa! Das junge Afrika auf dem Weg zum alten Kontinent, Berlin 2018.

Wilson, Tom/Blood, David, Rwanda: where even poverty data must toe Kagame's line, in: Financial Times, 13.8.2019, https://www.ft.com/content/683047ac-b857-11e9-96bd-8e884d3ea203?segmentId=63bac0e6-3d28-36b1-7417-423982f60790, zuletzt aufgerufen am 22.1.2020.

Gerd Hankel, Dr. jur., Dipl.-Übersetzer, Jahrgang 1957, studierte an den Universitäten Mainz, Granada und Bremen. Seit 1993 ist er freier Mitarbeiter des Hamburger Instituts für Sozialforschung, seit 1998 wissenschaftlicher Angestellter der Hamburger Stiftung zur Förderung von Wissenschaft und Kultur. Er ist Autor zahlreicher Beiträge zum humanitären Völkerrecht, zum Völkerstrafrecht und zum Völkermord in Ruanda, dessen juristische Aufarbeitung er seit 2002 untersucht. Zuletzt erschienen von ihm *Ruanda. Leben und Neuaufbau nach dem Völkermord. Wie Geschichte gemacht und zur offiziellen Wahrheit wird* (2016) sowie *Ruanda 1994 bis heute* (2019).

Gerd Hankel bei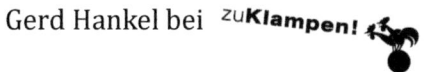

Ruanda 1994 bis heute

Vom Umgang mit einem Völkermord

160 Seiten, 12,5 x 19 cm, Paperback
ISBN 978-3-86674-590-2

Vor 25 Jahren, von April bis Juli 1994, fielen in Ruanda hunderttausende Menschen einem Völkermord zum Opfer, während die Welt zusah. Seither ist das Land, das für viele vormals nur ein Name auf der ostafrikanischen Landkarte gewesen war, zum Inbegriff für einen landesweiten Massenmord geworden. Aber es steht auch für einen staatlichen Wiederaufbau, der Respekt abnötigt. Doch so beeindruckend der Fortschritt auch ist, die Vergangenheit verlangt nach Antworten, die sich nicht in Verweisen auf die wirtschaftliche Entwicklung, die verbesserte medizinische Versorgung oder die erfolgreiche Armutsbekämpfung erschöpfen. Opfer fordern weiterhin die Anerkennung des ihnen zugefügten Unrechts, eine immer noch gespaltene Gesellschaft wartet auf Erklärungen, die Sprachlosigkeit und Ausgrenzung überwinden helfen.

Gerd Hankel verfolgt seit vielen Jahren die Entwicklung Ruandas. Er beschreibt, wie das Land wahrgenommen werden will – und wie es ist.

Das verkürzte und aktualisierte Lesebuch zu Hankels 2016 erschienener Studie »Ruanda. Leben und Neuaufbau nach dem Völkermord«.

»Hankel ist zweifellos ein Kenner der komplizierten Rivalitäten und Gegensätze zwischen Ethnien im Herzen Afrikas.«
Buecherschau.at

»Ausführlicher widmet sich der Autor der Aufarbeitung der Verbrechen. Das macht sein Buch für die Gegenwart so wertvoll.« *Süddeutsche Zeitung*

Ruanda

Leben und Neuaufbau nach dem Völkermord
Wie Geschichte gemacht und zur offiziellen Wahrheit wird

487 Seiten, 13,8 x 21,5 cm
Hardcover mit Schutzumschlag
ISBN 978-3-86674-539-7

Die umfangreiche und ernüchternde Studie über die Aufarbeitung des Völkermords: Über fast fünfzehn Jahre hinweg hat Gerd Hankel Ruanda und dessen Nachbarland, die Demokratische Republik Kongo, immer wieder besucht und musste feststellen, dass der Völkermord zu einem politischen Instrument geworden ist, das der Absicherung von Herrschaft dient. Nicht um Aufarbeitung und Versöhnung geht es, sondern um die Durchsetzung eines Geschichtsbildes, das keinen Widerspruch duldet. Hinter dem Vorzeigestaat in Zentralafrika, der gemeinhin als Leuchtturm der Entwicklung in der Region und als Vorbild der Vergangenheitsaufarbeitung gilt, verbirgt sich ein totalitäres Regime. Wie passt das zusammen? Wie viel Unrecht verträgt der Fortschritt?

»**Ein Buch, das zur Pflichtlektüre werden müsste für alle Geldgeber Ruandas.**« *SWR2*

»**Eine wahrlich beunruhigende, verstörende, immens wichtige Untersuchung.**« *Buecherschau.at*

zu Klampen Verlag GbR
Röse 21
31832 Springe

Bei Fragen zur EU-Sicherheitsverordnung GPSR wenden Sie sich bitte an info@zuklampen.de.